Geheimwissen für Kinder 333x

unfassbar, rätselhaft und streng vertraulich

Sabine Fritz, Astrid Otte
und Elke Schwalm

compact via

compact via ist ein Imprint der Compact Verlag GmbH

© 2010 Compact Verlag GmbH München

Alle Rechte vorbehalten. Nachdruck, auch auszugsweise,
nur mit ausdrücklicher Genehmigung des Verlages gestattet.

Text: Sabine Fritz, Astrid Otte, Elke Schwalm
Redaktion: Anna Häring
Produktion: Wolfram Friedrich
Abbildungen: siehe Seite 160
Titelabbildung: www.fotolia.de: Dawn Hudson
Gestaltung: ekh Werbeagentur GbR
Umschlaggestaltung: ekh Werbeagentur GbR

ISBN 978-3-8174-7925-2
5479251

www.compact-via.de

VORWORT

Lieber Leser, liebe Leserin!

Bist du auch eine Spürnase? Dann wirst du gleich ganz schön staunen. Dieses Buch stattet dich nicht nur mit ausreichend Geheimwissen aus, es weckt sicher auch deine Abenteuerlust. Und wer weiß – vielleicht hebst du eines Tages selbst einen Schatz oder wirst ein berühmter Forscher.

Denn die Welt, in der wir leben, ist voller Wunder und Geheimnisse. Viele wichtige Fragen, über die die Menschen lange nachgedacht haben, wurden inzwischen von Historikern und Naturwissenschaftlern beantwortet. Doch auch wenn wir heute viele Zusammenhänge erklären können – manche Dinge bleiben weiterhin mysteriös und geheimnisvoll.

Und weil der Mensch von Natur aus neugierig ist, wird immer weiter geforscht und spekuliert. Ermittler bei der Polizei, Astronauten in der Raumstation, Archäologen auf ihren Expeditionen – sie alle suchen in unterschiedlichen Bereichen nach Antworten, das ist sogar ihr Beruf!

Wie gut deine Fähigkeiten als Spürnase sind, kannst du mithilfe der zahlreichen Sonderseiten ganz leicht selbst herausfinden.

Zuletzt möchten wir uns herzlich bei dem Archäologen Dr. Jochen Brandt und dem Detektiv Jochen Meismann dafür bedanken, dass sie sich so viel Zeit für die spannenden Interviews genommen und geduldig unsere Fragen beantwortet haben.

Und nun viel Spaß mit 333 x Geheimwissen!

INHALT

Inhalt

Geschichte und Kultur	5
Geografie und Natur	47
Wissenschaft und Technik	78
Kriminalistik und Spionage	99
Mythen und Religionen	128
Register	158

Extras

Spiel und Spaß – Räuber und Gendarm	Seite 12
Interview – Ein Archäologe berichtet	Seite 22
Geheimschriften – Verschlüsselte Schriften	Seite 32
Geheimsprachen – Verschlüsselte Sprachen	Seite 33
Trugbilder – Optische Täuschungen	Seite 38
Survivaltipps – Pfadfindertechniken	Seite 54
Rätsel – Ratespaß	Seite 63
Superhirn – Gedächtnis und Konzentration üben	Seite 72
Experimente – Forschen macht Spaß	Seite 82
Bastelspaß – Bastelanleitungen	Seite 88
Codeknacker – Codes und Chiffren	Seite 95
Spiel und Spaß – Detektivspiele	Seite 102
Agententraining – Agenten-Fitness-Programm	Seite 112
Interview – Ein Detektiv berichtet	Seite 120
Rätsel – Ratespaß	Seite 132
Hokuspokus – Zaubertricks	Seite 138
Magische Zahlen – Zahlentricks	Seite 147
Quiz – Wissenstest	Seite 154
Glossar	Seite 157

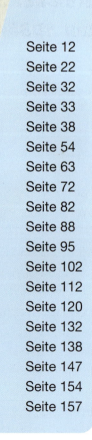

Liegt ein versunkener Schatz im Rhein?

Im Nibelungenlied ermordete Hagen von Tronje den heldenhaften Siegfried auf hinterlistige Weise. Nach seiner Tat hatte der Mörder Angst, dass Siegfrieds Witwe den Schatz ihres verstorbenen Mannes dazu benutzen würde, um Krieger anzuheuern und Rache zu nehmen. Deshalb bemächtigte sich Hagen von Tronje des Schatzes und versenkte ihn im Rhein.

Liegt ein Schatz im Rhein?

Liegt also auf dem Grund dieses Flusses tatsächlich das sogenannte Rheingold? Wohl kaum, denn die Nibelungen sind eine mittelalterliche Sage. Es ist also wenig wahrscheinlich, dass es den Schatz jemals gegeben hat. Einige Abenteurer haben das Flussbett trotzdem vergeblich danach abgesucht.

Welcher Schatz liegt vor der spanischen Küste?

Am 19. Februar 1694 kenterte der englische Dreimaster „HMS Sussex" vor Gibraltar während eines schrecklichen Sturms. Für den König von England, Wilhelm III. (1650–1702), war der Untergang eine Katastrophe! An Bord des Schiffes befanden sich – so vermuten Experten – Gold und Silber im Wert von bis zu vier Milliarden Euro.

Mit diesen Reichtümern wollte Wilhelm III. den Herzog von Savoyen im Kampf gegen den französischen König zu seinem Verbündeten machen. Noch immer gehört der versunkene Schatz den Briten. Da er aber in spanischen Gewässern liegt, wurde lange darum gestritten. Erst im Jahr 2007 gaben die Spanier den Eigentümern die Erlaubnis, den Schatz zu bergen. Bislang wurde er jedoch noch nicht gehoben.

Wo befindet sich König Salomos Goldland?

Das Alte Testament beschreibt Salomo (Regierungszeit um 965–926 vor Christus) als weisen und sehr reichen israelischen König. Erwähnt wird im Zusammenhang mit Salomos Reichtum besonders das Goldland Ophir. Von dort soll der König große Mengen Gold und Edelsteine bekommen haben.

Ob es das Goldland wirklich gegeben hat und wo es lag, lässt sich bis heute nicht genau sagen. Im 19. Jahrhundert stieß ein deutscher Afrikaforscher in Simbabwe auf die Ruinen einer Stadt, in der auch Gold zu finden war. Erste Vermutungen, dass die Ruinenstadt zu Ophir gehören könnte, bestätigten sich aber nicht. So bleibt das sagenhafte Land weiterhin ein Geheimnis.

Woher hatte König Salomo seinen Reichtum?

GESCHICHTE UND KULTUR

GESCHICHTE UND KULTUR

Warum gibt es so viele Schätze auf Gotland?

Vor etwa 1000 Jahren lebten auf der schwedischen Insel Gotland vor allem Handwerker, Bauern, Fischer und Händler. Durch sie gelangten Kostbarkeiten aus der ganzen Welt auf die Insel.

Im Jahr 1999 entdeckte ein gotländischer Bauer auf seinem Feld 75 Kilogramm Silber, hauptsächlich in Form von Münzen. Mittlerweile wurden auf Gotland über 700 Funde gemacht. Experten vermuten, dass auf der Schatzinsel sogar noch mehr Reichtümer verborgen liegen.

Warum die Gotländer ihr Silber vergruben, weiß man nicht genau. Wahrscheinlich ist jedoch, dass sie die Schätze den Göttern opfern wollten.

Gibt es einen Schatz der Tempelritter?

Im Jahr 1119 gründete sich der Templerorden, ein geistlicher Ritterorden. Seine Mitglieder gelobten, wie Mönche gehorsam und genügsam zu leben. Doch sie zogen auch in den Kampf, unter anderem um die heiligen Stätten Jerusalems zu verteidigen. Da der Orden reiche Gönner und ein gutes Händchen für Geldgeschäfte hatte, wuchs sein Vermögen stetig an.

Im Jahr 1307 befahl der französische König Philipp IV. (1268–1314), die Ordensritter verhaften zu lassen. Vermutlich wollte er an ihr Vermögen gelangen. Zahlreiche Schätze wurden damals beschlagnahmt; der Orden selbst wurde 1312 aufgelöst. Trotzdem ist bis heute nicht klar, ob es den Templern nicht vielleicht doch gelungen ist, einen Teil ihres Vermögens rechtzeitig in Sicherheit zu bringen.

Ein Tempelritter

Welche Schätze gingen mit der Titanic unter?

Die Titanic galt als das größte und prächtigste Passagierschiff seiner Zeit. Der Ozeanriese war mit edlen Hölzern, Marmor und einer spektakulären Glaskuppel ausgestattet – jedoch nur mit 20 Rettungsbooten. Im April 1912 begab sich die Titanic mit rund 2200 Menschen an Bord – darunter auch einige Millionäre – auf Jungfernfahrt.

Im Nordatlantik stieß sie nachts mit einem Eisberg zusammen und sank binnen drei Stunden. Wer sich rechtzeitig einen Platz in einem Rettungsboot sichern konnte, hatte großes Glück. Natürlich war es den Passagieren nicht möglich, auf der Flucht ihre persönlichen Wertgegenstände mitzunehmen. Wertvolle Schmuckstücke, edles Silber und auch Geld wurden mit der Titanic in die Tiefe gezogen.

Was ist von der Titanic noch übrig?

Nach ihrem Zusammenstoß mit dem Eisberg zerbrach die Titanic und sank fast 4000 Meter tief. 73 Jahre lang suchte man vergeblich nach dem Wrack. Erst im September 1985 entdeckten amerikanische und französische Forscher die Überreste des Schiffs 600 Kilometer vor Neufundland. Ein mit Kameras bestückter Tauchroboter lieferte unter anderem Bilder eines riesigen Dampfkessels.

Bislang ist es nicht gelungen, den Ozeanriesen aus dieser Tiefe zu bergen. Dass es je dazu kommen wird, ist nicht wahrscheinlich. Das Wrack zerfällt immer mehr. Irgendwann wird von dem einst so prächtigen Schiff nichts mehr übrig sein. Doch immerhin ist es gelungen, etwa 6000 Objekte, beispielsweise Teller und Gläser, zu retten.

Warum gibt es in Florida eine Schatzküste?

Wenn du Glück hast, findest du an der Küste von Florida vielleicht eine Goldmünze.

Nördlich der amerikanischen Stadt Miami liegt die „Treasure Coast", was übersetzt so viel wie Schatzküste heißt. Seinen Namen bekam der Küstenabschnitt aufgrund der Schätze, die nicht weit entfernt auf dem Meeresgrund liegen. Sie gingen zusammen mit Schiffen der spanischen Flotte unter.

Spanien hatte im 16. Jahrhundert große Teile Südamerikas erobert. Durch die Schatzflotte gelangten von dort wertvolle Güter wie Silber nach Europa. Doch manchmal sorgten Wirbelstürme dafür, dass Schiffe auf dem Weg über den Atlantik kenterten. Deren Wracks liegen teilweise noch heute vor der Küste Floridas. Wenn du also die Schatzküste entlangwanderst, kann es mit viel Glück passieren, dass du eine angespülte Münze findest.

Welches Geheimnis umgibt das Bernsteinzimmer?

Das Bernsteinzimmer mit seinen wertvollen Wandtäfelungen aus baltischem Bernstein wird oftmals als das achte Weltwunder bezeichnet. Der kostbare Raum war ein Geschenk des preußischen Königs Friedrich Wilhelm I. (1688–1740) an den russischen Zaren. Fast 200 Jahre schmückte es den Katharinenpalast bei Sankt Petersburg.

Während des Zweiten Weltkrieges (1939–1945) wurde das Bernsteinzimmer abgebaut. Nachweislich brachten es die Deutschen als Kriegsbeute in die Stadt Königsberg, dem heutigen Kaliningrad. Als der Krieg zu Ende ging, war der Schatz plötzlich verschwunden und ist bis heute nicht mehr aufgetaucht. Allerdings wurde das Zimmer inzwischen originalgetreu nachgebaut. Nun ist es wieder im Katharinenpalast zu bewundern.

Der originalgetreue Nachbau des Bernsteinzimmers

GESCHICHTE UND KULTUR

7

GESCHICHTE UND KULTUR

Wie kann ein Zimmer verschwinden?

Nachdem die Deutschen das berühmte Bernsteinzimmer während des Zweiten Weltkrieges aus Sankt Petersburg nach Königsberg (heute Kaliningrad) gebracht hatten, wurde es dort im Stadtschloss bis 1944 ausgestellt. Als die gegnerischen Mächte näher rückten, ließ der Direktor der Königsberger Kunstsammlungen das Bernsteinzimmer abbauen.

107 Paneele und 150 Figuren wurden in 27 Kisten verpackt und in den Keller gebracht. Dann verliert sich die Spur des Schatzes. Möglicherweise wurde er heimlich mit der Reichsbahn aus der Stadt an einen unbekannten Ort gebracht. Vielleicht wurde er jedoch auch beim Brand des Schlosses zerstört. Oder aber er liegt noch heute in einem der unterirdischen Gänge Kaliningrads und wartet auf seine Entdeckung.

Was geschah mit den Schätzen in den Pyramiden?

Die ägyptischen Pyramiden waren nicht nur die Grabstätten der Pharaonen, sondern auch große Schatzkammern. Darin zu finden waren Gold, Silber, Edelsteine und Kunstgegenstände von unsagbarem Wert. Um diese Schätze zu schützen, versperrten die ägyptischen Baumeister zum Beispiel die Grabkammern mit Granitblöcken.

Trotz der Sicherheitsvorkehrungen wurden die meisten Pyramiden im Laufe der Zeit durch Grabräuber geplündert. Diese fanden heraus, an welcher Stelle die versteckten Eingänge lagen. So konnten sie sich Zugang zu den mächtigen Bauwerken verschaffen und schließlich die Kostbarkeiten entwenden.

Warum brach in Kalifornien ein Goldrausch aus?

Als James Marshall (1810–1885) am 24. Januar 1848 zum American River ging, wusste er nicht, dass er an diesem Tag eine folgenreiche Entdeckung machen würde. Dort am Fluss arbeitete der Schreiner am Bau einer Sägemühle. Plötzlich sah er etwas Glänzendes im Wasser blinken und fischte es heraus. In seinen Händen hielt James Marshall ein Stück Gold, in Amerika Nugget genannt.

Manchmal fanden die Golgräber Nuggets im Fluss.

Die Nachricht von dem wertvollen Fund verbreitete sich wie ein Lauffeuer. Aus aller Welt kamen Menschen nach Kalifornien. Jeder hoffte, ebenfalls etwas zu finden. Doch zu großem Reichtum kamen nur die wenigsten Goldgräber. Als sich die mühsame Suche per Hand immer weniger lohnte, ebbte das Goldfieber nach wenigen Jahren wieder ab.

Die Schätze aus den Pyramiden sind verschwunden.

WONACH GRABEN SCHATZSUCHER AUF DER KOKOS-INSEL?

Die Kokos-Insel gehört zu Costa Rica. Auf ihr soll ein sehr wertvoller Kirchenschatz liegen, und zwar eine Madonnenfigur aus Gold und Edelsteinen. Sie stammt aus der peruanischen Stadt Lima, in der es in den 1820er-Jahren zu Aufständen gegen die spanischen Kolonialherren kam. Die Spanier wollten deshalb einige Schätze mit dem Schiff Mary Dear fortschaffen. Die Besatzung des Schiffs erkannte den Wert der Fracht und zettelte eine Meuterei an. Sie entledigte sich ihrer Bewacher und brachte den Schatz zur Kokos-Insel.

Der Plan, die Figur später wieder abzuholen, schlug fehl: Die Spanier spürten die Diebe auf und töteten sie. Nur der Kapitän und ein Offizier wurden verschont, um die Spanier zum Versteck des Schatzes zu führen. Doch dabei gelang dem Gauner-Duo die Flucht. Weder die Spanier noch alle späteren Schatzsucher konnten die goldene Madonna finden.

Liegt ein Inkaschatz in Polen vergraben?

Die Inkas waren südamerikanische Indianer, die über ein großes Reich herrschten und eine hoch entwickelte Kultur hatten. Im 18. Jahrhundert reiste ein adliger Abenteurer aus Niedzica im heutigen Polen nach Peru. Dort verliebte er sich in eine Inkaprinzessin, die leider bei der Geburt der gemeinsamen Tochter Umina starb.

Ist der Schatz noch auf der Kokos-Insel versteckt?

Viele Jahre später musste Umina Berzeviczy (1762–1797) vor den Spaniern fliehen. Gemeinsam mit ihrer Familie reiste sie nach Polen. Spekulationen zufolge gelang es ihr, einen Teil des Inkaschatzes nach Niedzica zu schmuggeln. Dort wird er heute nahe des Schlosses vermutet. Bisher konnte aber niemand herausfinden, wo das Gold liegt. Da viele Schatzjäger bei der Suche ihr Leben lassen mussten, gibt es inzwischen sogar das Gerücht, der Schatz wäre verflucht.

Was ist der Ku-Klux-Klan?

Sicherlich hast du schon einmal bemerkt, dass nicht alle Menschen die gleiche Hautfarbe haben. Wenn jemand wegen seiner Hautfarbe schlecht oder ungerecht behandelt wird, nennt man das Rassismus.

Eine geheime rassistische Vereinigung in den USA ist der Ku-Klux-Klan. Seine Mitglieder kämpfen dafür, dass nur weiße Menschen in Amerika leben dürfen. Um zu diesem Ziel zu gelangen, wendet der Ku-Klux-Klan auch Gewalt an: Die Anhänger verprügeln oder bedrohen dunkelhäutige Menschen. Die Übeltäter tragen dabei häufig eine weiße Kutte mit großer Kapuze, damit niemand sie erkennt. Den Ku-Klux-Klan gibt es schon seit 1865.

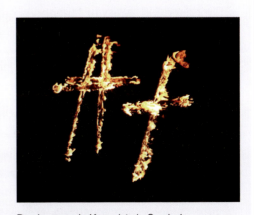

Das brennende Kreuz ist ein Symbol des Ku-Klux-Klans.

GESCHICHTE UND KULTUR

Dem Mafiaboss darf niemand widersprechen.

Was macht die Mafia?

Die Mafia ist ein krimineller Geheimbund, der im 19. Jahrhundert auf Sizilien entstanden ist. Mit schlimmen Verbrechen wie Erpressung, Entführung, Mord und Drogenhandel verdient die Mafia Geld.

Die Mitglieder haben sich an strenge Regeln zu halten, müssen tun, was der Mafiaboss sagt und dürfen nicht über ihre Verbrechen und den Geheimbund sprechen. Wer sich nicht daran hält, kann sogar mit dem Tod bestraft werden.

In Italien gibt es viele verschiedene Mafias. Die Mafia in Sizilien nennt sich „Cosa Nostra" (italienisch für „Unsere Sache"), in Neapel heißt sie „Camorra". Heute gebraucht man das Wort Mafia für viele kriminelle Vereinigungen auf der ganzen Welt. Es gibt Mafias in Japan, China, Russland und den USA sowie in vielen anderen Ländern.

Wofür treten Freimaurer ein?

Die Freimaurer, die es seit ungefähr 300 Jahren gibt, sind eine geheime Vereinigung von vorwiegend Männern. Sie haben das Ziel, vollkommene Menschen zu werden. Wichtige Gedanken sind für sie das Streben nach Freiheit, Gleichheit, Toleranz und Menschlichkeit. Sie treten für ein friedliches und gerechtes Zusammenleben aller Menschen ein. Doch niemand soll erfahren, was die Freimaurer bei ihren Treffen besprechen. Deshalb geloben sie Verschwiegenheit.

Zirkel und Winkel sind die Zeichen der Freimaurer.

Die Vereinigungen der Freimaurer heißen Logen. Es gibt bei den Freimaurern wie bei den Handwerkern Lehrlinge, Gesellen und Meister. Ihre Versammlungsstätten werden Tempel genannt.

? Schon gewusst?

In einem Geheimbund schließen sich Menschen zusammen, die gemeinsame Interessen haben, welche sie vor anderen verbergen wollen. Ihr Ziel ist meistens die Veränderung politischer, religiöser oder gesellschaftlicher Verhältnisse.

Welcher russische Geheimbund tötete Zar Alexander II.?

Zur Zeit des Zaren Alexander II. (Regierungszeit 1855–1881) gab es in Russland den politischen Nihilismus. Die Anhänger dieser Bewegung akzeptierten niemanden, der ihnen etwas vorschrieb. Deshalb lehnten sie Kirche, Familie und Staat – und damit auch den Zaren, also den Herrscher Russlands – ab. Die Anhänger kleideten sich einfach, bevorzugt in Schwarz, und trafen sich in Universitäten, Schulen oder Privathäusern, den „Kommunen", um ihre Gedanken auszutauschen.

Bald begann ein Teil der russischen Nihilisten jedoch, mithilfe von Gewalt gegen das abgelehnte System vorzugehen. Sie gründeten unter anderem auch die Geheimbewegung „Narodnaja Wolja". Das ist Russisch und bedeutet übersetzt „Wille des Volkes". Die Mitglieder dieses Bundes töteten schließlich sogar den Zar Alexander II. im Jahr 1881 durch ein Sprengstoffattentat.

Zar Alexander II. wurde 1881 ermordet.

Wer waren die Illuminaten?

Der Illuminatenorden war eine Geheimgesellschaft, die 1776 von dem Gelehrten Adam Weishaupt (1748–1830) gegründet wurde. Das Wort „illuminati" kommt aus dem Lateinischen und bedeutet „die Erleuchteten". Die Mitglieder wollten nicht, dass der Adel oder auch die Kirche die Menschen kontrollierten, und waren zur strikten Geheimhaltung verpflichtet. Jeder Illuminat erhielt einen geheimen Ordensnamen. Der berühmte Dichter Johann Wolfgang von Goethe (1749–1832) hieß zum Beispiel „Abaris".

Im Jahr 1785 verbot Kurfürst Karl Theodor (1724–1799) die Illuminaten in Bayern. Er hielt sie für eine Gefahr für den Staat. Es ist nicht erwiesen, ob es sie heute immer noch gibt.

Welche Geheimsprache benutzten die Karbonari?

Anfang des 19. Jahrhunderts bildete sich in Süditalien der politische Geheimbund der Karbonari. Zu dieser Zeit stand Italien unter französischer Herrschaft. Das Ziel der Karbonari war die nationale Einigung und die Unabhängigkeit Italiens von Frankreich. „Carbonari" ist das italienische Wort für „Köhler". Köhler sind Menschen, die aus Holz Kohle herstellen. Die Karbonari übernahmen für ihre Verständigung die Gebräuche und Begriffe der Köhler.

In ihrer Organisation gab es Lehrlinge, die den Gesellen und Meistern unterstanden. Die Treffpunkte wurden Hütten, das Innere der Hütten Kohlenverkauf und die äußere Umgebung Wald genannt. Somit hatten die Karbonari eine richtige Geheimsprache.

SPIEL UND SPASS

Räuber und Gendarm

Wer hat die schnelleren Beine – die Räuber oder die Gesetzeshüter? Findet es mit diesem Spiel heraus! Je mehr deiner Freunde mitmachen, desto lustiger wird die Ganovenjagd. Ihr braucht mindestens drei Mitspieler.

Vorbereitung

Als Spielfläche wird ein größeres Gelände benötigt, in dem es viele kleine Verstecke gibt. Wichtig ist, dass die Verstecke nicht gefährlich sind. Außerdem müssen alle Mitspieler über die Grenzen der Spielfläche informiert sein. Es ist keinem erlaubt, sich außerhalb dieser Begrenzung zu bewegen. Falls ihr eine größere Gruppe seid, benennt ihr einen Spielleiter. Er behält alle im Auge und sorgt dafür, dass niemand die vereinbarte Spielfläche verlässt.

Bevor das Spiel losgeht, teilt ihr euch in zwei Gruppen auf. Die Räuber sind die Gejagten, die Polizisten – auch Gendarmen genannt – ihre Jäger. Günstig ist es, wenn die Anzahl der Räuber doppelt so hoch ist wie die der Gendarmen.

Nun müsst ihr nur noch eine alte Wolldecke in die Mitte der Spielfläche auf dem Boden platzieren. Sie ist das Gefängnis. Falls ihr keine Decke oder Matte findet, markiert einfach eine rechteckige Fläche mit Steinen. Jetzt kann die Verbrecherjagd beginnen!

Kleiner Tipp!

Stellt euch der Größe nach an einer Linie auf. Dann zählt – beginnend beim kleinsten Spieler – laut durch. Jeder Dritte tritt einen Schritt hervor. Diejenigen, die nach dem Durchzählen vorn stehen, sind die Gendarmen. Somit ist sichergestellt, dass beide Gruppen aus großen und kleinen Spielern bestehen.

Wer sich gut versteckt, wird nicht geschnappt!

Das Spiel beginnt!

Alle Gendarmen stellen sich ins Gefängnis und bilden mit dem Rücken nach außen einen Kreis. Sie schließen die Augen und zählen laut bis 20. Die Räuber umzingeln zuerst das Gefängnis, dürfen aber weglaufen, sobald mit dem Zählen begonnen wurde. Ihre Aufgabe ist es, schnell ein gutes Versteck zu finden.

Bei 20 angekommen, brüllen die Polizisten laut: „Räuber, wo seid ihr? Räuber bleibt stehen! Es gibt kein Entkommen, ihr werdet schon sehen!" Damit fällt der Startschuss zur Jagd auf die Ganoven. Die Gruppe der Gendarmen schwärmt aus und sucht die Räuber in ihren Verstecken.

Die Festnahme

Wird ein Ganove entdeckt, versucht der Polizist, ihn festzunehmen. Dafür muss er den Halunken am Arm zu fassen kriegen. Gelingt ihm dies, muss der Räuber stehen bleiben und darf keinen Widerstand

SPIEL UND SPASS

mehr leisten. Er wird vom Polizisten ins Gefängnis abgeführt. Falls der Ganove aber fliehen kann, bleibt er in Freiheit. Im besten Fall schüttelt er seinen Verfolger ab und sucht sich unbeobachtet ein neues Versteck. Allerdings kann es sein, dass bei dem Fluchtversuch auch andere Gendarmen auf ihn aufmerksam werden und die Verfolgung aufnehmen.

Die Gendarmen sind den Räubern auf der Spur.

Ein Räuber kommt grundsätzlich erst dann ins Gefängnis, wenn er von einem Polizisten eingefangen wird. Die Jagd dauert so lange, bis alle Räuber im Gefängnis sitzen.

Zusatzregeln

Durch ein paar zusätzliche Regeln wird das Spiel noch spannender. Vereinbart doch einfach, dass es den Räubern erlaubt ist, ihre gefangenen Artgenossen zu befreien. Wird ein Schurke von seinem Jäger gefasst und abgeführt, kann ihm ein anderer Räuber durch Berührung die Freiheit schenken. Beide Ganoven müssen nach einer erfolgreichen Befreiungsaktion sofort das Weite suchen, sonst landen sie am Ende beide im Gefängnis.

Eine weitere Regel sieht vor, dass ein Räuber auch seine Kollegen im Gefängnis befreien kann. Dafür muss er das Gefängnis einmal durchqueren. Natürlich geht das nur, wenn der Bösewicht bereits aus seinem Versteck geholt wurde und gerade auf der Flucht vor der Polizei ist.

Gelingt es ihm, das Gefängnis zu durchqueren, dürfen alle Insassen weglaufen. Sind die Gendarmen klug, werden sie einen Bewacher nahe dem Gefängnis positionieren. Er soll die Bösewichte nicht nur abschrecken, sondern auch die festnehmen, die einen Befreiungsversuch wagen.

Durch diese Regeln dauert die Jagd etwas länger. Aber auch hier gilt: Sind alle Halunken gefasst, ist das Spiel zu Ende.

Gelingt der Ausbruch aus dem Gefängnis?

GESCHICHTE UND KULTUR

Welches Geheimnis hatte Jean-Baptiste le Rond d'Alembert?

Jean-Baptiste le Rond d'Alembert (1717–1783) war einer der berühmtesten Wissenschaftler Frankreichs, und das, obwohl er in einer einfachen Glaserfamilie aufwuchs. Normalerweise war es zu dieser Zeit nicht üblich, dass arme Kinder eine gute Schule besuchen und Forscher werden konnten.

Doch ein Offizier namens Louis-Camus Destouches (1668–1728) bezahlte inoffiziell für seine Ausbildung. Er war der leibliche Vater des Jungen, jedoch nicht mit seiner Mutter verheiratet. Ein uneheliches Kind zu haben, galt damals als große Schande. Daher hielten die Eltern die Geburt geheim und die Mutter legte das Baby einfach vor den Stufen einer Kirche ab. Jean-Baptiste le Rond d'Alembert war also ein Findelkind mit einer mysteriösen Vergangenheit.

War Kaspar Hauser ein Betrüger?

„Hier liegt Kaspar Hauser, Rätsel seiner Zeit, unbekannt die Herkunft, geheimnisvoll der Tod, 1833", so kann die Inschrift seines Grabsteins übersetzt werden. Als der etwa 16-jährige Kaspar Hauser am 26. Mai 1828 in Nürnberg auftauchte, konnte er kaum sprechen, hatte aber zwei Briefe bei sich. Sie besagten, dass er ein Findelkind sei und nun wie sein Vater Reitersoldat werden wolle. Später erzählte Hauser, er sei in einem dunklen Raum aufgewachsen und habe nie einen Menschen gesehen.

Bei dieser mysteriösen Geschichte gab es von Anfang an verschiedene Meinungen: Während die einen ihn für einen Betrüger und Hochstapler hielten, waren andere der Überzeugung, er sei der Sohn des badischen Großherzogs Karl (1786–1818). Es gibt viele Theorien über ihn, zumal auch die Umstände seines Todes – er starb an einer Stichwunde – nie geklärt wurden.

Wer war Kaspar Hauser?

Was geschah mit der Zarentochter Anastasia?

Früher gab es in Russland ein Königshaus, dessen oberster Herrscher der Zar war. Im Jahr 1917 wollten die Russen aber nicht länger von ihrem Zaren regiert werden und Nikolaus II. (1868–1918) musste abdanken. Um den entmachteten Regenten endgültig auszuschalten, ließen seine politischen Gegner die gesamte Zarenfamilie ermorden.

Lange hielten sich Gerüchte, dass die jüngste Tochter des Zaren, Anastasia (1901–1918), als Einzige entkommen wäre. Daraufhin behaupteten mehrere Betrügerinnen, die Großfürstin Anastasia zu sein. Erst als vor einigen Jahren sämtliche sterbliche Überreste der Zarenfamilie entdeckt wurden, konnte belegt werden, dass Anastasia ebenso wie der Rest der Familie dem Attentat zum Opfer gefallen war.

An der Stelle, an der die Zarenfamilie ermordet wurde, errichtete man eine Kathedrale.

14

Wie starb Kaiser Barbarossa?

Nachdem der Kaiser des Heiligen Römischen Reichs, Friedrich I. (etwa 1122–1190), genannt Barbarossa, Frieden über sein Land gebracht hatte, begab er sich mit seinem Heer auf einen heiligen Kreuzzug. Ein ägyptischer Sultan hatte die Stadt Jerusalem erobert. Der Weg dorthin war sehr anstrengend und gefährlich. Doch dann geschah das Unerwartete: Bei einer Rast in der Türkei ertrank der Kaiser im Fluss Saleph. Was war passiert?

Floss der Fluss so schnell, dass er Barbarossa und sein Pferd mitriss? Doch es war Sommer und somit führte der Fluss wohl nicht viel Wasser. Eine andere Erklärung ist wahrscheinlicher: Es war so heiß, dass der Kaiser schwimmen wollte und aufgrund der Strapazen und seines Alters einen Herzinfarkt erlitt und ertrank. Wie Barbarossa aber wirklich starb, wird wohl für immer ein Rätsel bleiben.

Diese Miniatur zeigt Barbarossa mit seinen beiden Söhnen Heinrich (links) und Friedrich.

Warum gab es eine Verschwörung gegen Cäsar?

Auf dem Höhepunkt seiner Macht hatte Julius Cäsar (100–44 vor Christus) ganz Gallien bis zum Rhein erobert. Im Römischen Bürgerkrieg brachte er seine ehemaligen Verbündeten gegen sich auf und verärgerte viele Adlige, indem er einfache Söldner in wichtige Ämter erhob. Außerdem führte er das Ende der Republik herbei und rief sich zum Alleinherrscher aus.

Das fanden viele seiner einstigen Anhänger nicht gut. Sie verschworen sich gegen ihn und beschlossen, ihn umzubringen. Trotz vieler Warnungen ging Cäsar am 15. März in den Senat, wo ihn die etwa 50 Verschwörer niederstachen, unter ihnen sein Freund Marcus Iunius Brutus. Von 23 Stichen getroffen brach er tot zusammen.

Wer war der Mann mit der eisernen Maske?

Über den „Mann mit der eisernen Maske" ist fast nichts bekannt. Sicher ist nur, dass er von 1669 bis zu seinem Tod 1703 Gefangener des französischen Königs Ludwig XIV. war. Doch wer war dieser Mensch, der sich nie ohne Maske zeigen und mit dem niemand reden durfte, der aber in Gefangenschaft wie ein Adliger behandelt wurde?

Dazu gibt es viele verschiedene Legenden. Die bekannteste ist, dass er der Zwillingsbruder Ludwigs XIV. (1638–1715) gewesen sei, der versteckt wurde, um Streit bezüglich der Thronfolge zu vermeiden. Andere Legenden vermuten hinter dieser Figur seinen wahren Vater oder verschiedene Diener beziehungsweise Adlige, die Staatsgeheimnisse hätten verraten können. Die Wahrheit wird vermutlich nie ans Licht kommen.

GESCHICHTE UND KULTUR

Wo wurde Dschingis Khan begraben?

Dem mongolischen Eroberer Dschingis Khan (um 1155–1227) gelang es, sein Reich mit den Jahren immer weiter zu vergrößern. Schließlich reichte es von der pazifischen Küste Asiens bis ins östliche Europa. Damit war der Mongole einer der mächtigsten Herrscher der Geschichte.

Als Dschingis Khan während eines Feldzugs starb, wurde er an einem geheimen Ort beerdigt. Es ist sehr wahrscheinlich, dass ihm dabei kostbare Schätze mit ins Grab gelegt wurden. Doch bislang hat man die letzte Ruhestätte des Eroberers nicht entdeckt.

Der Legende nach wurden sogar die Diener, die das Grab ausgehoben hatten, umgebracht. So sollte schon damals sichergestellt werden, dass diese geheime Stelle niemals gefunden werden kann.

Mit welcher Geheimwaffe zog Hannibal über die Alpen?

Fast 120 Jahre lang kämpften die Städte Rom und Karthago in Schlachten um die Macht im Mittelmeerraum. Karthago war eine antike Handelsstadt an der Küste Nordafrikas. Der berühmte karthagische Feldherr Hannibal (um 246–183 vor Christus) entwickelte einen besonderen Plan, um die Römer zu bekämpfen.

Er zog durch Spanien in nördliche Richtung nach Gallien und gelangte über die Alpen nach Italien. Sein Heer bestand nicht nur aus Soldaten und Reitern – er führte angeblich auch eine besondere Geheimwaffe mit sich: 37 Kriegselefanten traten ihren Weg durch die verschneiten Alpen an. Tatsächlich konnte Hannibal die Römer überraschen und einige Schlachten gewinnen. Doch am Ende entschieden die Römer den Krieg für sich.

Elefanten halfen Hannibal in seinen Schlachten.

War Rasputin ein Zauberer oder ein Schwindler?

Das Leben von Grigori Jefimowitsch Rasputin (1869–1916) war eng mit dem Schicksal des letzten russischen Zaren Nikolaus II. (1868–1918) verknüpft. Von den einen als Prophet verehrt, von anderen verteufelt, gelang dem sibirischen Bauern der Aufstieg an die Spitze der Gesellschaft.

Rasputin nutzte seine ungewöhnliche Begabung, auf andere Menschen Einfluss auszuüben. Außerdem heilte er den Thronfolger mithilfe seiner hypnotischen Kräfte von einer Krankheit. Doch als seine Macht wuchs, sahen viele in ihm eine Gefahr. Andere dagegen begannen, diese Macht für sich selbst auszunutzen. Dadurch wurde er für die gehobene Gesellschaft untragbar. Im Dezember 1916 wurde Rasputin deshalb von einer verschworenen Gemeinschaft ermordet. Inwiefern er wirklich über besondere Kräfte verfügte, konnte nie geklärt werden.

WARUM ZOG JOHANNA VON ORLÉANS IN DEN KAMPF?

Im Alter von 13 Jahren hatte die französische Bauerntochter Johanna von Orléans (um 1412–1431) eine Erscheinung. Stimmen befahlen ihr, sie solle Frankreich von den Engländern befreien. Zu der Zeit herrschte der Hundertjährige Krieg (1337–1453) und viele Städte Frankreichs wurden von den Engländern belagert.

Die Stimmen verrieten ihr auch, wer der neue König von Frankreich werden sollte: Karl VII. (1403–1461). So führte sie die Franzosen in den Kampf. Das war für ein Mädchen damals sehr ungewöhnlich. Obwohl Johanna in der Schlacht verletzt wurde, vertrieb sie 1429 die Engländer aus der Stadt Orléans. Seither wird sie als Heldin verehrt.

War Ludwig XIV. heimlich verheiratet?

Der französische König Ludwig XIV. (1638–1715) führte ein prunkvolles Leben. Als er den Thron bestieg, befanden sich Frankreich und Spanien im Krieg. Um diesen zu beenden, musste Ludwig gemäß dem gemeinsamen Friedensabkommen seine Cousine Maria Theresia von Spanien (1638–1683) heiraten.

Ludwig XIV.

Nach dem Tod seiner ersten Frau schloss Ludwig höchstwahrscheinlich eine zweite Ehe mit seiner langjährigen Geliebten Françoise d'Aubigné (1635–1719). Diese Ehe war geheim, weil Françoise damals nicht standesgemäß für den König war. Nach Ludwigs Tod soll seine Witwe viele persönliche Unterlagen vernichtet haben. Daher ist ihre Ehe nicht eindeutig zu beweisen.

Gab es jemals eine Päpstin?

Der Papst ist das Oberhaupt, also der mächtigste Mann der katholischen Kirche. Nach deren Regeln dürfen nur Männer Priester, Bischof oder eben Papst werden. Frauen ist das nicht erlaubt.

Einer Legende nach soll es jedoch vor ungefähr tausend Jahren die Päpstin Johanna gegeben haben. Sie verkleidete sich als Mann und nannte sich Johannes. So war sie als Frau nicht mehr zu erkennen. Entlarvt wurde ihr geheimes Leben als Mann, als sie während einer Prozession ein Kind bekam. Ob es die Päpstin Johanna allerdings tatsächlich gab, darüber streiten die Experten – wahrscheinlich ist es jedoch nicht.

Die Päpstin Johanna – Wahrheit oder Legende?

Gab es den Lügenbaron von Münchhausen wirklich?

Du wirst es kaum glauben, aber tatsächlich gab es den Lügenbaron wirklich: Hieronymus Karl Friedrich Freiherr von Münchhausen (1720–1797) erzählte schon zu Lebzeiten die unglaublichsten Geschichten, zum Beispiel von seinem Ritt auf einer Kanonenkugel.

Als Offizier war er viele Jahre in Russland und sammelte dort abenteuerliche Erfahrungen in Kriegen und auf der Jagd. Als Geschichtenerzähler blieb er selten bei der Wahrheit und dichtete viele Ereignisse nach Belieben dazu. Weil seine Lügen so spannend waren, schrieben Dichter und Gelehrte sie auf. Dass er schon damals Lügenbaron genannt wurde, hat ihm selbst gar nicht gefallen.

Beging Kleopatra Selbstmord?

Kleopatra VII. (69–30 vor Christus) herrschte als letzte Pharaonin in Ägypten. Laut Legende wurde sie zunächst die Geliebte Julius Cäsars (100–44 vor Christus) und nach dessen Tod die seines Nachfolgers.

Ließ sich Kleopatra von einer Kobra töten?

Als dieser seine Macht verlor, fiel auch Kleopatra in Ungnade und der neue römische Kaiser, Oktavian (63 vor Christus–14 nach Christus), ließ sie verhaften, um Ägypten als römische Provinz zu erhalten. Die Aussicht, in Ketten durch Rom geführt zu werden, trieb Kleopatra wohl in den Tod. Weitverbreitet ist die Geschichte, dass sie eine Kobra in einem Korb voller Feigen an den römischen Wachen vorbeischmuggeln ließ, um durch ihr Gift zu sterben. Doch der Biss einer solchen Schlange ist nicht immer tödlich. Wahrscheinlicher ist, dass Kleopatra sich auf andere Weise vergiftete oder dass Oktavian sie umbringen ließ, um einen Aufstand ihres Volkes zu vermeiden.

? Schon gewusst?

In zeitgenössischen Texten wird Kleopatra als blendend schön beschrieben. Dies und die Tatsache, dass sie die mächtigsten Männer ihrer Zeit betörte, beflügelte zahlreiche Schriftsteller über die Jahrhunderte hinweg. Allerdings existieren drei Porträtbüsten von ihr, die sie mit scharfen Gesichtszügen und einer Hakennase darstellen.

Die Büste Beethovens

Wie komponierte Beethoven, obwohl er taub war?

Der berühmte Komponist Ludwig van Beethoven (um 1770–1827) litt etwa seit seinem 28. Lebensjahr an Schwerhörigkeit. Um sein Hörvermögen zu steigern, benutzte er über viele Jahre ein Hörrohr. Anfang 1815 gab der Künstler sein letztes öffentliches Konzert als Pianist. In den folgenden Jahren verlor er vollständig sein Gehör.

Trotz alledem komponierte Beethoven weiterhin Meisterwerke wie seine „Ode an die Freude", deren Melodie heute die Hymne der Europäischen Union ist. Der Komponist hatte durch seine jahrelange Erfahrung und Begabung eine genaue Vorstellung von den Stücken, die er niederschrieb. Als Musiker und Dirigent konnte er sich deshalb auch ausmalen, wie sich die Stücke von einem großen Orchester gespielt anhören.

? Schon gewusst?

Bei Marie Antoinettes Geburt gab es Komplikationen. Dies wurde als schlechtes Omen für ihr Leben gedeutet. Tatsächlich war sie später beim Volk nicht sehr beliebt und wurde auf dem Schafott hingerichtet.

Wurde Königin Marie Antoinette Opfer eines Betrugs?

Die französische Königin Marie Antoinette (1755–1793) hatte den Ruf, verschwenderisch zu sein. Im Jahre 1785 wurde sie in die sogenannte „Halsbandaffäre" verwickelt und war vermutlich Opfer einer Hinterlist.

Die Gräfin de la Motte und ihr Mann besuchten einen Juwelier und behaupteten, dass Marie Antoinette heimlich ein Halsband kaufen wollte, das umgerechnet mehrere Millionen Euro wert war. Um den Kauf vor dem Volk zu verbergen, wurde das kostbare Gut zuerst an Kardinal Rohan geliefert. Dieser war bei der Königin in Ungnade gefallen und hoffte, durch diesen Gefallen ihre Anerkennung wiederzuerlangen.

Der Kardinal übergab die Kette wie verabredet den de la Mottes. Daraufhin verschwand der Graf mit der Beute nach England, seine Frau wurde verhaftet. Ob die Königin das Halsband wirklich bestellt hatte, ist mehr als fraglich. Sie bestritt dies, doch die meisten glaubten ihr nicht.

Die französische Königin Marie Antoinette lebte sehr verschwenderisch.

GESCHICHTE UND KULTUR

Wie kam Heinrich VIII. zu sechs Ehefrauen?

Der englische König Heinrich VIII. (Regierungszeit 1509–1547) wurde nicht etwa berühmt, weil er ein so guter Monarch war. Vielmehr verdankt er seine Bekanntheit seinen sechs Ehefrauen.

Da ihm seine erste Frau Katharina von Aragón nur eine Tochter geschenkt hatte, ließ er die Ehe für nichtig erklären. Doch auch die Nachfolgerin Anne Boleyn gebar nur ein Mädchen. Heinrich fädelte daraufhin eine Intrige ein und ließ sie enthaupten.

Seine dritte Ehefrau Jane Seymour brachte schließlich den ersehnten Sohn zur Welt, starb aber selbst an den Folgen der Geburt. Heinrichs vierte Ehe mit Anna von Cleve wurde annulliert, die fünfte Gemahlin Catherine Howard ließ er wegen Ehebruchs enthaupten, seine letzte Frau Catherine Parr überlebte den König um ein Jahr.

Wer war Ötzi?

Als 1991 zwei Wanderer eine Leiche in den Ötztaler Alpen fanden, dachten sie zunächst, dass ein Bergsteiger in einer Gletscherspalte tödlich verunglückt sei. Erst als der berühmte Bergsteiger Reinhold Messner auf die ungewöhnliche Kleidung und die altertümlichen Waffen des Toten hinwies, begann man, ihn sorgfältig zu untersuchen.

Dabei stellte man fest, dass Ötzi – der nach seiner Fundstelle benannt wurde – vor 5300 Jahren gestorben war. Zur Todeszeit war er etwa 45 Jahre alt, knapp 1,60 Meter groß und an die 50 Kilogramm schwer.

Er hatte graublaue Augen, dunkles, leicht gewelltes Haar und trug wahrscheinlich einen kurzen Bart. Die Verletzungen am Körper – er hatte eine tödliche Pfeilwunde in der Schulter – lassen vermuten, dass er vor seinem Tod in einen Kampf verwickelt war.

Auf ihre Haarpracht war Kaiserin Sisi besonders stolz.

Welches Geheimnis hütete Kaiserin Sisis Friseurin?

Kaiserin Elisabeth von Österreich (1837–1898), genannt Sisi, war zweifelsfrei eine schöne, aber auch sehr eitle Frau. Besonders stolz war sie auf ihr langes Haar, das sie mit großem Aufwand pflegte. Ihre Friseurin Fanny machte sich dabei unentbehrlich. Sie zauberte nicht nur die kunstvollen Flechtfrisuren, für die Elisabeth berühmt war. Vielmehr gab sie Sisi das Gefühl, das Haar beim Kämmen extrem sorgsam zu behandeln.

Es heißt, dass sie nach dem Frisieren alle ausgekämmten Haare der Kaiserin unauffällig an einem Klebeband abstreifte, welches an ihrer Schürze befestigt war. So konnte die Friseurin immer einen sauberen Kamm vorzeigen. Und Elisabeth, die kein einziges Haar verlieren wollte, war zufrieden.

Ötzi wurde in den Ötztaler Alpen gefunden.

Was fanden Forscher im Neandertal?

Das berühmte Neandertal liegt in Nordrhein-Westfalen in der Nähe der Stadt Düsseldorf. Dort entdeckten Arbeiter im Jahr 1856 in einer Höhle 16 Knochenüberreste. Der deutsche Naturforscher Johann Carl Fuhlrott (1803–1877) untersuchte sie genauer und fand dabei heraus, dass es sich um Skelettteile einer frühen Menschenart handelte. Nach seinem Fundort erhielt dieser Urmensch den Namen Neandertaler.

Zwischen 1997 und 2000 stießen Wissenschaftler dort auf weitere Knochenreste, die genaueren Aufschluss über den Neandertaler gaben. Er lebte vor rund 300.000 Jahren und starb vor etwa 30.000 Jahren aus. Als Jäger und Sammler benutzte er bereits verschiedene Werkzeuge wie Speere und Messer. Auch wenn der Neandertaler in vielen Dingen dem heutigen Menschen ähnelte, ist er kein Vorfahre von uns, sondern eine eigene Art von Mensch.

Was ist der Fluch des Tutanchamun?

Als der englische Archäologe Howard Carter am 4. November 1922 das Grab des Tutanchamun (Regierungszeit ca. 1333–1323 vor Christus) im ägyptischen Tal der Könige entdeckte, war das eine große Sensation. Noch nie zuvor war ein unversehrtes Grab eines Pharaos entdeckt worden.

Auch der Geldgeber des Projekts reiste an. Als dieser dann, von einem Moskito gestochen, plötzlich an einer Blutvergiftung starb, kamen erste Gerüchte über einen Fluch auf. Im Laufe der Zeit kamen seltsamerweise viele Besucher des Grabes ums Leben. War es Zufall oder steckte doch etwas anderes dahinter?

Dazu gibt es zahlreiche Theorien: Vielleicht befiel ein Virus die Eindringlinge oder waren etwa Schimmelpilze die Ursache für die mysteriösen Todesfälle? Bis heute konnte keine eindeutige Erklärung gefunden werden.

Liegt ein Fluch auf dem Tal der Könige?

Wer ist Ardi?

Ardi ist der Spitzname eines Skeletts, das Wissenschaftler 1994 in Äthiopien fanden. Erst 2009 fanden sie heraus, dass es zu einer Vormenschenart, dem Ardipithecus ramidus, der vor etwa viereinhalb Millionen Jahren lebte, gehört. Laut den Forschern war Ardi vermutlich weiblich, wog rund 50 Kilogramm, war über einen Meter groß, hatte ein kleines Gehirn und lebte in halb offenem Gelände zwischen Büschen, Bäumen und lichten Flächen.

Eine Sensation ist, dass Ardis Hüften und Lendenwirbel eindeutig ein aufrechtes Gehen ermöglichten, die Hände und Füße aber auch eine sichere Fortbewegung auf Bäumen erlaubten. Durch Ardi wurde bewiesen, dass Menschen und Schimpansen eigenständige Abstammungslinien entwickelten. Diese hatten vielleicht einen gemeinsamen Vorfahren. Entdeckt hat man diesen bisher jedoch noch nicht.

Ein Archäologe berichtet

Willst du wissen, was ein Archäologe macht und welche spannenden Geheimnisse er lüftet? Dann lies dieses Interview mit Dr. Jochen Brandt. Er ist Leiter der Abteilung Bodendenkmalpflege für den Landkreis Harburg am Helms-Museum, dem archäologischen Museum in Hamburg.

In welche Richtungen kann man sich als Archäologe spezialisieren?

In der Archäologie gibt es verschiedene Teildisziplinen, also Fachrichtungen, auf die man sich während des Studiums festlegen kann. Eine davon nennt sich Vor- und Frühgeschichte und beschäftigt sich zum Beispiel mit Dinosauriern oder den ersten Menschen. Eine weitere Richtung ist die sogenannte klassische Archäologie, die das alte Rom und Griechenland erforscht. Daneben gibt es noch die Ägyptologie, die vorderasiatische Archäologie, die Altamerikanistik und die Bibelarchäologie.

gibt es auch sogenannte Raubgräber. Das sind Menschen, die aus Geldgier illegal archäologische Funde suchen, um sie zu verkaufen. Sie zerstören die wissenschaftlich wichtigen Zusammenhänge und begehen außerdem absichtlich Diebstahl.

Eine archäologische Expedition wird man heutzutage nur in Angriff nehmen, wenn man sich sicher ist, etwas zu finden. Denn Ausgrabungen sind zu teuer und zu aufwendig, um sie nur auf eine Vermutung hin zu machen.

Archäologische Dienststellen unterhalten sogenannte „Ortsaktenarchive". Dort werden alle Unterlagen zu archäologischen Fundplätzen gesammelt. Wir gehen davon aus, dass wir in Deutschland nur 20 bis 25 Prozent aller tatsächlich existierenden archäologischen Fundplätze kennen. Es gibt also noch viel zu entdecken und das macht die Archäologie so spannend.

Archäologen beschäftigen sich mit Kulturen aus früheren Zeiten.

Viele archäologische Schätze werden zufällig entdeckt.

Wie macht man einen archäologischen Fund?

Viele Entdeckungen werden bei gezielten archäologischen Ausgrabungen gemacht. Bei anderen handelt es sich wiederum um Zufallsfunde, die bei Bauarbeiten, der Landwirtschaft oder der gezielten Suche von Hobbyarchäologen zutage traten. Leider

Wie kann man das Alter der Funde bestimmen?

Eine Möglichkeit wäre, die Funde miteinander zu vergleichen und dabei das Alter von bereits bekannten Funden auf neue Funde zu übertragen. Das ist die klassische archäologische Methode des

INTERVIEW

Fundvergleichs. Dazu kommen seit einigen Jahrzehnten verschiedene naturwissenschaftliche Datierungsmethoden.

Ein gutes Beispiel sind die Funde, die auf dem Varus-Schlachtfeld bei Kalkriese in der Nähe von Osnabrück gemacht wurden. Dort wurde im Jahr 9 nach Christus der römische Feldherr Varus von dem Germanen Arminius in einen Hinterhalt gelockt. Er fand mit seinen 15.000 Legionären den Tod. Auf dem Feld wurden viele römische Waffen und Soldatenausrüstungen gefunden. Außerdem entdeckte man römische Münzen, von denen keine nach dem Jahr 9 nach Christus geprägt wurde. Das ist ein sehr gutes Indiz dafür, dass es sich bei diesem Fundort wirklich um das Schlachtfeld handelt.

Was war das Spannendste, das Sie persönlich erlebt haben?

Das kann ich schlecht sagen. Es gibt viele, manchmal auch ganz unscheinbare Dinge, die man sehr aufregend findet. Ich habe jedoch einen Lieblingsfund: ein kleines Schmuckstück, das einer meiner Grabungsarbeiter 2003 in Mecklenburg-Vorpommern fand. Es ist aus Gold und Silber und stellt einen kleinen Tierkopf dar. Es wurde vor rund 1400 Jahren angefertigt.

Aufregend war aber auch die Ausgrabung eines englischen Kriegsflugzeuges aus dem Zweiten Weltkrieg, das 1945 in ein Moor bei Schwerin gestürzt war. Diese Grabung war live im englischen Fernsehen zu sehen. Das war zwar wissenschaftlich nicht so bedeutend wie andere Funde, aber wegen der ungewöhnlichen Bedingungen rund um die Ausgrabung sehr spektakulär.

Welches ist die bedeutendste archäologische Entdeckung?

Das ist eine Frage, die man nicht hundertprozentig beantworten kann. Was viel Aufsehen erregt, ist nicht unbedingt wissenschaftlich bedeutsam. Archäologische Funde geben Auskunft über so viele unterschiedliche Dinge der Vergangenheit, dass man sie nicht einfach in wichtig und unwichtig einteilen kann.

Spektakuläre Funde der letzten 20 Jahre waren sicher die Entdeckung des Ötzi oder der Himmelsscheibe von Nebra, aber auch der Fund eines fast komplett erhaltenen Mammutbabys in der sibirischen Tundra. Zu den größten Entdeckungen der gesamten Forschungsgeschichte zählen außerdem der Fund der Grabkammer des Tutanchamun und die Entdeckung Trojas.

Welche Fähigkeiten braucht man, um ein guter Archäologe zu sein?

Vor allem Geduld und Neugier. Außerdem sollte man exakt und gründlich arbeiten können.

Als Archäologe muss man sehr genau und sorgfältig arbeiten.

GESCHICHTE UND KULTUR

Wie wurden die Pyramiden gebaut?

Die weltbekannten Pyramiden in Ägypten stammen aus der Zeit von 2000 bis 3000 Jahren vor Christus. Sie bestehen aus unglaublich vielen, sehr großen Steinen. Bei der Cheopspyramide wurden zum Beispiel etwa 2,5 Millionen Steine bis zu einer Höhe von 147 Metern übereinandergeschichtet. Jeder Stein wiegt im Durchschnitt mehr als 2,5 Tonnen.

Aufgrund dieser gigantischen Ausmaße kam die Theorie auf, Außerirdische hätten die Pyramiden gebaut. Aber das stimmt natürlich nicht, denn die Ägypter waren sehr gute Architekten und Bauherren. Es gibt sogar antike Aufzeichnungen mit Berechnungen der Pyramiden. Welche Methode verwendet wurde, um die Steine aufzutürmen, weiß man allerdings nicht. Wahrscheinlich wurden Rampen, Schlitten und Flaschenzüge eingesetzt.

Die Cheopspyramide besteht aus etwa 2,5 Millionen Steinen.

Was sind Mumien?

Der Begriff Mumie bezeichnet Körper verstorbener Menschen, die nicht zerfallen sind. Das kann auf natürlichem Wege geschehen, wenn ein Leichnam sehr trocken gelagert wird, im Schlamm versinkt oder, wie bei Ötzi, im Eis konserviert wird. In einem solchen Klima können die Bakterien, die den Körper zersetzen würden, nicht leben. Folglich bleibt der Körper „unversehrt".

Die Mumien der alten Ägypter wurden aus religiösen Gründen künstlich erschaffen. Man glaubte, dass die Seele des Menschen weiterlebt und deshalb der Körper noch gebraucht würde. Die Ägypter entnahmen dem Leichnam die Eingeweide und legten ihn unter anderem in einer Öl-Harz-Mischung ein, um ihn haltbar zu machen.

WOZU DIENTEN DIE STEINKREISE?

Steinkreise sind runde Anlagen aus riesigen Steinen, die von Menschen errichtet wurden. Die meisten Steinkreise gibt es auf den Britischen Inseln, in England, Schottland und Irland. Sie entstanden in der Jungsteinzeit, Tausende Jahre vor Christus, als sich die Menschen als Bauern niederließen und die ersten Dörfer bauten.

Ihren genauen Zweck kennt man nicht. Man nimmt an, dass sie als Versammlungsorte und Grabstätten dienten. Vielleicht wurden sie auch als Kultplätze genutzt, an denen Priester religiöse Rituale vollzogen, um ihre Götter zu verehren.

Stonehenge in der Nähe von Amesbury in Wiltshire, England

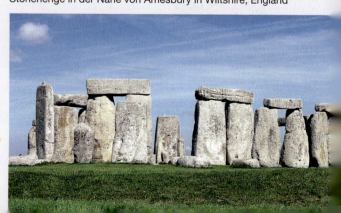

Wie entstand Stonehenge?

Das Wort Stonehenge heißt übersetzt „hängende Steine". Es bezeichnet eine Anlage von Steinkreisen im Süden Englands. Wie diese riesigen, bis zu 50 Tonnen schweren Steine von der über 300 Kilometer entfernten Küste transportiert und aufgerichtet wurden, kann man nur vermuten. Entweder zogen bis zu tausend Menschen die Steine auf Schlitten oder es wurden Zugtiere eingesetzt. Begonnen wurde mit der Errichtung der Anlage um 3100 vor Christus. Die Bauzeit dauerte etwa 2000 Jahre.

Weil die Steine so angeordnet sind, dass die Sonne am längsten Tag des Jahres bei Sonnenaufgang direkt über dem Eingang steht, nimmt man an, dass Stonehenge als Kalender diente. Außerdem sollen an diesem Platz Priester religiöse Kulthandlungen vorgenommen haben.

Warum wurde die Chinesische Mauer errichtet?

Der erste Kaiser von China ließ ab 214 vor Christus eine Mauer errichten, um das Reich vor Angriffen umherziehender Reitervölker wie Mongolen und Tartaren aus dem Norden zu schützen.

Die Chinesische Mauer gilt als größtes Bauwerk der Welt. Sie ist etwa 8850 Kilometer lang und durchschnittlich sechs Meter breit. Die Höhe beträgt bis zu 16 Meter. Insgesamt wurde über 2000 Jahre an der Mauer gebaut, bis die Nord- und Ostgrenze Chinas geschützt waren. Die Armee und Hunderttausende von Bauern und Zwangsarbeitern mussten diese unglaubliche Mauer errichten.

? Schon gewusst?

Als Ergebnis einer weltweiten Abstimmung wurden am 7. Juli 2007 die neuen Weltwunder festgelegt: die Mayastadt Chichén Itzá, die Chinesische Mauer, die Erlöserstatue Christo Redentor in Rio de Janeiro, das Kolosseum in Rom, die Inkastadt Machu Picchu in den Anden von Peru, die Felsenstadt Petra in Jordanien und das Tadsch Mahal in Indien. Etwa 90 Millionen Menschen beteiligten sich an dieser Wahl.

Die Chinesische Mauer ist das größte Bauwerk der Welt.

Welches waren die sieben Weltwunder?

In der Antike, etwa 200 Jahre vor Christus, beschrieb der Dichter Antipatros von Sidon die damals bekannten sieben Weltwunder: Dazu zählten das Grabmal des Königs Mausolos II., die Hängenden Gärten der Semiramis, der Koloss von Rhodos, der Leuchtturm von Pharos, die Pyramiden von Gizeh, der Tempel der Artemis in Ephesos und die Zeusstatue des Phidias.

Davon gibt es heute nur noch die Pyramiden auf der Hochebene von Gizeh in Ägypten. Erdbeben und Kriege zerstörten die anderen Bauwerke. Heute existiert eine neue Liste von Weltwundern, die man auch besichtigen kann, zum Beispiel das Tadsch Mahal in Indien.

Was ist die Totenmaske des Agamemnon?

Die Totenmaske des Agamemnon wurde 1876 vom deutschen Archäologen Heinrich Schliemann (1822–1890) in einem Grab bei Mykene in Griechenland entdeckt. Er war der Überzeugung, dass sie vom sagenhaften König Agamemnon aus der griechischen Mythologie stammte. Neuere Untersuchungen haben aber ergeben, dass das Grab, in dem die geheimnisvolle Maske lag, aus der Zeit von 1500 vor Christus ist und einem mykenischen Fürsten gehörte, der 300 Jahre vor dem sagenhaften Agamemnon lebte.

Die Maske besteht aus einer Gold-Silber-Mischung und ist im Nationalmuseum von Athen ausgestellt. Totenmasken waren in vielen Kulturen weitverbreitet. Sie dienten dazu, den Toten zu beschützen, und manchmal auch als Vorlage für Büsten.

In diesem Grab wurde die Totenmaske entdeckt.

Was ist das Hypogäum auf Malta?

Der Begriff Hypogäum stammt aus dem Griechischen und wird für befestigte, unterirdische Grabkammern verwendet. Das Hypogäum in der Nähe der Stadt Paola auf der Insel Malta wurde in der Zeit von 3800 bis 2500 vor Christus als Begräbnisstätte genutzt. Es ist insgesamt 500 Quadratmeter groß und erstreckt sich über drei Ebenen.

In dem Labyrinth aus vielen unterirdischen Gängen, Hallen und Nischen wurden Skelette von sage und schreibe 7000 Menschen gefunden sowie die Figur der „Schlafenden Dame". Diese Kultfigur ist heute im archäologischen Museum zu sehen. Das Hypogäum selbst kann nur nach vorheriger Anmeldung besichtigt werden.

Wurden in den Hünengräbern Riesen bestattet?

Hünengräber bestehen aus Hinkelsteinen, wie Obelix sie oft herumträgt.

Als Hünengrab bezeichnet man umgangssprachlich ein Grab, bei dem Findlinge, also sehr große Steine, wie bei einem Haus aufeinandergeschichtet wurden. Hünengräber findet man zum Beispiel in Skandinavien, aber auch in Norddeutschland kommen sie vor. Sie entstanden um 3500 bis 2800 vor Christus.

Das Wort „Hüne" stammt aus der mittelhochdeutschen Sprache und bedeutet eigentlich Riese. Dass es sich bei diesen Bauwerken tatsächlich um Gräber handelt, kann nicht bewiesen werden. Fakt ist, dass Forscher in einigen wenigen menschliche Gebeine fanden. Knochen von Riesen waren jedoch definitiv nicht darunter. So bleibt der ursprüngliche Zweck der Hünengräber weiterhin ein ungelöstes Geheimnis.

Gibt es einen geheimen Gang, der aus dem Vatikan führt?

Der Vatikan ist der kleinste Staat der Welt. Er befindet sich innerhalb des Stadtgebiets von Rom und ist der Wohnsitz des Papstes. Da die Päpste schon immer mächtige Männer waren, hatten sie auch viele Feinde.

Deshalb wurde im Jahr 1277 ein geheimer Gang zu der außerhalb des Vatikans gelegenen Engelsburg gebaut. Diese war eine sichere Festung und bot den Flüchtlingen Schutz. Der Geheimgang wird „Passetto di Borgo" genannt und sieht von außen wie eine normale Mauer aus. Beide, Engelsburg und Geheimgang, können von Touristen besichtigt werden.

Sind die Katakomben von Paris ein riesiger Friedhof?

Die Katakomben sind eine beliebte Sehenswürdigkeit von Paris, obwohl dort die Gebeine von etwa sechs Millionen Menschen liegen. Als um 1785 in Paris die Pest wütete, starben so viele Menschen, dass auf den Friedhöfen kein Platz mehr war. Deshalb kam man auf die Idee, die unterirdischen Gänge, die vorher viele Jahre als Steinbruch genutzt wurden, mit den Knochen aus den alten Gräbern aufzufüllen.

Hunderte Kilometer lang erstrecken sich die niedrigen, unterirdischen Gänge im Süden der Stadt. In einem Teil davon liegen die Knochen ordentlich aufgeschichtet, die Schädel sind dazwischen angeordnet.

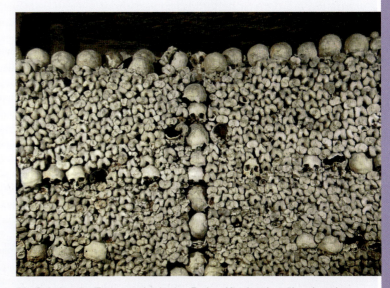

Die Gebeine der Toten wurden in den Pariser Katakomben übereinandergestapelt.

Wurde die Pest durch vergiftete Brunnen verbreitet?

Da die Menschen früher nichts über die Pest wussten und auch keine Medikamente dagegen hatten, kamen verschiedene Theorien über ihre Ursache auf. Viele dachten, Randgruppen der Gesellschaft wie die Juden hätten die Brunnen vergiftet. Andere vermuteten, die Krankheit sei ein Zeichen für das nahende Ende der Menschheit.

Die Flöhe der Ratten verbreiteten die Pest.

Heute weiß man, dass die Pest, wie viele andere Krankheiten auch, aufgrund mangelnder Hygiene entstand. Es gab damals keine Abwassersysteme und der Abfall wurde auf die Straßen geworfen. So vermehrten sich Ratten und der auf ihnen lebende Rattenfloh. Über diesen wurden dann die Pestbakterien auf die Menschen übertragen.

Warum wurden Hexen verbrannt?

Als sich das Christentum ausbreitete und der heidnische Glauben immer stärker zurückgedrängt wurde, machte man die Hexen zu Sündenböcken. Sie wurden für alles, was sich die Menschen nicht erklären konnten, verantwortlich gemacht. So sollten sie an Naturkatastrophen, Krankheiten, Tod und sonstigem Unglück schuld sein. Außerdem waren sie angeblich mit dem Teufel im Bunde.

Viele Frauen wurden als Hexen bezeichnet, weil sie mehr wussten als andere, weil sie besonders schön, hässlich oder einfach anders waren. Jeder konnte willkürlich eine Frau der Hexerei bezichtigen. Diese wurde eingesperrt und so lange gefoltert, bis sie alles gestand, was man von ihr hören wollte. Dann wurde sie auf dem Scheiterhaufen verbrannt.

Gibt es Hexen?

Die alten Frauen mit Buckel und Warze, die auf Besen reiten und Menschen mit Zaubersprüchen verhexen, existieren nur im Märchen. Doch bevor sich das Christentum ausbreitete, gab es bei uns tatsächlich Frauen, die als Hexen bezeichnet wurden. Dabei handelte es sich um weise Frauen, die sich mit Heilkräutern und Geburtshilfe auskannten und die oft auch als Priesterinnen verschiedener Naturreligionen tätig waren.

Im Zuge der Hexenverfolgung wurden viele von ihnen umgebracht. Heute gibt es wieder einige wenige Frauen, die sich in dieser Tradition sehen und sich mit Naturmedizin und den alten Religionen beschäftigen. Sie bezeichnen sich als „moderne Hexen".

Besonders rothaarige Frauen wurden früher als Hexen verbrannt.

Neil Armstrong war 1969 der erste Mensch auf dem Mond.

War die Mondlandung nur ein Schwindel?

Seit den 1970er-Jahren gibt es immer wieder Verschwörungstheorien, die die Mondlandungen von 1969 bis 1972 anzweifeln. Besonders verbreitet ist die Behauptung, dass die US-amerikanische Regierung die Mondlandung vorgetäuscht und in einer Halle auf der Erde gefilmt hätte.

Hintergrund dieser Annahme ist, dass bei den Aufnahmen die US-Flagge beim Aufstellen scheinbar weht. Da es auf dem Mond keine Atmosphäre gibt, ist das aber nicht möglich. Die Verschwörungstheoretiker wussten allerdings nicht, dass die Flagge an einer aufklappbaren Querstrebe hing. Deshalb wirkte es, als flattere sie im Wind. So konnten bei näherer Untersuchung alle Argumente widerlegt werden. Verschwörungsanhänger halten trotzdem an dieser Theorie fest.

Wurde Papst Johannes Paul I. umgebracht?

Johannes Paul I. (1912–1978) wurde am 26. August 1978 zum Papst gewählt. Beim Volk war er sehr beliebt und er bekam die Beinamen „Papa Luciani" und „Papst des Lächelns". Doch nach nur 33 Tagen starb er angeblich an Herzversagen – er war seit vielen Jahren herzkrank.

Da er in den eigenen Reihen auch Gegner hatte und vermutlich dunkle Machenschaften aufdecken wollte, kamen schnell Gerüchte über eine Verschwörung und Ermordung auf. Schließlich hatte es in der katholischen Kirchengeschichte schon viele solcher Fälle gegeben. Fakt ist, dass die Kirche diesen Spekulationen selbst die Tür öffnete, als sie eine Untersuchung der Leiche verweigerte.

Wird die Welt bald untergehen?

Die Frage, wann die Welt untergehen wird, beschäftigt die Menschheit schon immer. Auch in der Bibel wird das Ende der Welt beschrieben. Über den Zeitpunkt gab und gibt es unzählige Theorien. So prophezeite Papst Silvester II. (950–1003) den Weltuntergang für das Jahr 1000. Auch Martin Luther befürchtete das Ende und nannte dafür drei verschiedene Daten.

Immer wieder kündigten verschiedene Sektenführer das Weltende für einen bestimmten Tag an. Einige Sektenanhänger verübten daraufhin sogar Selbstmord, um dem schrecklichen Ereignis zuvorzukommen. Dieses Thema bietet Stoff für unzählige Bücher und Filme, denn der Fantasie sind hier keine Grenzen gesetzt. Eine ernst zu nehmende Theorie gibt es allerdings nicht.

Wann ist die Zeit für unseren schönen Planeten abgelaufen?

GESCHICHTE UND KULTUR

GESCHICHTE UND KULTUR

Wie entschlüsselt man römische Ziffern?

Schon vor über 2000 Jahren verwendeten die alten Römer Zahlen im täglichen Leben. Sie benutzten jedoch nicht unsere heutigen arabischen, sondern die römischen Ziffern: I (1), V (5), X (10), L (50), C (100), D (500) und M (1000).

Und so kann man die Zahlen der Römer enträtseln: Solange die vorhergehende Ziffer größer oder genauso groß wie die folgende ist, werden sie zusammengezählt: III = 1 + 1 + 1 = 3 oder XVII = 10 + 5 + 1 + 1 = 17. Steht allerdings eine kleinere Ziffer vor einer größeren, wird die kleinere von der größeren abgezogen: IV = 5 - 1 = 4 oder XXIX = 10 + 10 + 10 - 1 = 29.

Erst im 16. Jahrhundert setzten sich bei uns die arabischen Ziffern durch. Heute verwenden wir die römischen Ziffern nur noch bei historischen Namen, zum Beispiel bei Papst Benedikt XVI., für Buchkapitel und auf Zifferblättern von Uhren.

Auch in Büchern und auf Uhren sind noch römische Ziffern zu sehen.

Wer erfand die kyrillische Schrift?

Unsere heute gebräuchlichen Buchstaben stammen von den Römern und zählen daher zur lateinischen Schrift. In vielen Ländern Osteuropas wie Russland, Bulgarien, der Ukraine oder Serbien schreiben die Menschen in kyrillischer Schrift. Im Unterschied zu unserem Alphabet mit 26 Buchstaben hat das russische Alphabet 33. Die zusätzlichen Buchstaben stehen zum Beispiel für Laute wie „tsch", „schtsch", „ja" oder „jo".

Wie das kyrillische Alphabet entstand, ist nicht vollständig geklärt. Lange Zeit wurde angenommen, dass es auf die griechischen Missionare Kyrill (um 826–869) und Methodios (vor 820–885) zurückgeht. Vermutlich entwickelte es sich jedoch im 10. Jahrhundert in Ostbulgarien.

Ein Brief in kyrillischer Schrift

Wie schreiben die Chinesen?

Die Chinesen schreiben ganz anders als wir. Sie benutzen nicht unser Alphabet, sondern für uns geheimnisvoll aussehende eigene Schriftzeichen, die aus einzelnen Strichen bestehen. Ein Zeichen kann aus bis zu 33 Strichen aufgebaut sein und sowohl für eine Silbe als auch für ein ganzes Wort stehen.

Die chinesische Schrift ist über 3000 Jahre alt. Obwohl im riesigen China viele verschiedene Dialekte gesprochen werden und sich die Menschen aus unterschiedlichen Regionen gegenseitig oft nicht verstehen können, schreiben alle Chinesen eine einheitliche Schrift.

Chinesische Schriftzeichen bestehen aus vielen einzelnen Strichen und sind schwer zu erlernen.

Was ist Rongorongo?

Die Bewohner der polynesischen Osterinsel hatten eine außergewöhnliche, hieroglyphenartige Schrift, die es sonst nirgendwo auf der Welt gab. Diese Schrift namens Rongorongo findet man hauptsächlich auf Holztafeln und zeigt Menschen, Tiere oder Gebrauchsgegenstände. Bis heute ist es nicht gelungen, sie zu entziffern.

Forscher vermuten, dass die Schriftbilder eine Art Gedächtnisstütze sind. Sie stellen keine ganzen Sachverhalte dar. Der Leser muss die abgebildeten Begriffe selbst vervollständigen. Auch das Alter der Schrift lässt sich nicht bestimmen. Heute sind nur noch 25 Schriftdokumente in Rongorongo erhalten, die in verschiedenen Museen aufbewahrt werden.

Hieroglyphen entstanden mit Hammer und Meißel.

Wie liest man Hieroglyphen?

Hieroglyphen gehören zu einer uralten Schrift, die aus Bildern und Zeichen besteht. Am bekanntesten sind die altägyptischen Hieroglyphen, die bereits um 3000 vor Christus verwendet wurden. Man findet sie in Tempel- und Grabwände, auf Gefäße und in Steine gemeißelt. Diese mysteriösen Zeichen sind jedoch nicht leicht zu entziffern.

Die Ägypter schrieben von links nach rechts oder auch von rechts nach links sowie von oben nach unten. Die einzelnen Hieroglyphen konnten für einen Laut, eine Silbe, ein Wort oder einen ganzen Satz stehen. Dass wir heute diese alten Schriftzeichen verstehen können, ist vor allem Jean-François Champollion (1790–1832) zu verdanken. Der französische Forscher entschlüsselte die Hieroglyphen in über 20 Jahren harter Arbeit.

Diese Tafel zeigt die Schrift Rongorongo.

Was machten die Codetalker?

Im Zweiten Weltkrieg benutzte das amerikanische Militär die Eingeborenensprachen als perfekte Verschlüsselungsmethode im Kampf gegen die Japaner. Die Sprachen der amerikanischen Indianer ähneln keiner asiatischen oder europäischen, sodass die Japaner diese Sprache nicht knacken konnten. Bei vielen anderen Codes war ihnen die Entschlüsselung nämlich geglückt.

So bildeten die Amerikaner zum Beispiel Navaho-Indianer aus, die als sogenannte Codetalker arbeiteten. Zu einem Militärtrupp gehörte jeweils ein Indianer. Die amerikanischen Gruppen konnten sich mit deren Hilfe ganz einfach über Funk verständigen, ohne von den Gegnern verstanden zu werden.

GEHEIMSCHRIFTEN

Verschlüsselte Schriften

Möchtest du deinem Freund eine geheime Botschaft schicken, die sonst niemand lesen oder verstehen kann? Mit Zaubertinte und verschlüsselten Codes klappt das sehr gut. Wichtig dabei ist, dass Sender und Empfänger wissen, wie die Geheimschrift zu entziffern ist.

Die unsichtbare Schrift

Dafür benötigst du ein Schälchen mit Zitronensaft (Essig, Milch oder Zwiebelsaft funktionieren auch), ein Blatt Papier, einen Pinsel und eine Glühlampe.

Tauche den Pinsel in den Zitronensaft und schreibe deine geheime Mitteilung auf das Blatt Papier. Sobald der Saft getrocknet ist, wird die Nachricht unsichtbar. Lesen kannst du sie, indem du das Papier ganz vorsichtig an eine Glühlampe hältst. Wenn sich das Papier erwärmt, wird deine Botschaft sichtbar.

Achtung: Glühbirnen sind sehr heiß. Pass auf, dass du dich nicht verbrennst!

Geheimtinte herstellen ist ganz einfach!

Vertauschte Buchstaben

Diese Geheimschrift ist gar nicht schwer. Du musst dir nur merken, was du durch welchen Buchstaben ersetzt hast. Übersichtlich ist es, wenn du den ersten Buchstaben (A) mit dem letzten (Z) vertauschst, dann den zweiten (B) mit dem vorletzten Buchstaben (Y) und so weiter. Es ist hilfreich, wenn du dir eine Tabelle wie die folgende erstellst, in der du die verschlüsselten Buchstaben unter die richtigen schreibst.

Die Wörter STRENG GEHEIM lauten in der Geheimschrift: HGIVMT TVSVRN.
Versuche „WIR SIND DEN DIEBEN AUF DER SPUR" zu verschlüsseln!

Spiegelschrift

Diese Schrift kannst du nur lesen, indem du einen Spiegel neben das Geschriebene hältst. Möchtest du sie selbst anfertigen, beginnst du rechts oben auf einem Blatt und schreibst die Buchstaben spiegelverkehrt nach links. Habe Geduld – um die Spiegelschrift zu lernen, braucht es ein wenig Übung.

Ein Spiegel hilft dir beim Lesen.

Unsichtbare Abdrücke

Hierfür benötigst du nur einen Bleistift und zwei Blatt Papier. Lege die beiden Blätter übereinander und schreibe auf das obere deine Nachricht. Drücke ganz fest mit dem Stift auf, damit er auf dem Blatt darunter einen Abdruck hinterlässt. Er wird lesbar, wenn du den Bleistift flach hältst und damit sanft über das Papier schraffierst.

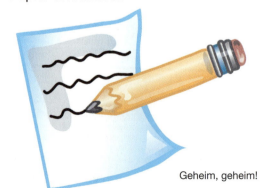

Geheim, geheim!

A	B	C	D	E	F	G	H	I	J	K	L	M	N	O	P	Q	R	S	T	U	V	W	X	Y	Z
Z	Y	X	W	V	U	T	S	R	Q	P	O	N	M	L	K	J	I	H	G	F	E	D	C	B	A

GEHEIMSPRACHEN

Verschlüsselte Sprachen

Sicherlich hast du deinen Freuden manchmal etwas ganz Geheimes zu erzählen. Doch wenn ihr gerade nicht allein seid, benutzt ihr am besten eine Geheimsprache. Das bringt Spaß und ist sehr praktisch.

Die I-Sprache
Alle Vokale in einem Wort werden durch ein „i" ersetzt. „Drei Schimpansen mit der Ananas" wird dann zu „Drii Schimpinsin mit dir Ininis". Du kannst diese Sprache auch abwandeln, indem du alle Vokale (Selbstlaute) einfach durch a, e, o oder u ersetzt. Probiere es zur Übung mit dem Schimpansen-Satz!

Die Bebe-Sprache
Nach jedem Vokal (Selbstlaut) wird ein „b" eingefügt und dann der Vokal noch einmal wiederholt. Aus „Ich bin ein Detektiv" wird „Ibich bibin ebein Debetebektibiv". Natürlich kannst du anstelle des „b" auch einen anderen Konsonanten (Mitlaut) wie d, n, oder w einsetzen und somit die Sprache verändern. Versuche „Blaue Busse bremsen bei Orange" in der Bebe-Sprache zu sagen.

Benutzt Geheimsprachen, die nur ihr versteht!

Die Lefu-Sprache oder Löffel-Sprache
Hinter jeden Vokal (Selbstlaut) hängst du die Silbe „lef" und wiederholst noch einmal den Vokal. „Wir treffen uns um zehn Uhr", heißt dann: „Wilefir trelefeffelefen ulefuns ulefum zelefehn Ulefuhr." Auch diese Sprache kannst du umwandeln, indem du dir einfach eine andere Silbe ausdenkst, die nach allen Vokalen eingeschoben wird.

Die Duhudefu-Sprache
Du hängst an jede Silbe eines Wortes ein paar weitere Silben, zum Beispiel: „Du-hudefu bist-histefist ein-heilefein De-helefe-tek-hektefek-tiv-hikesiv." Beim Erfinden der anzuhängenden Silben sind deiner Fantasie keine Grenzen gesetzt.

Die Ror-Sprache
Nach jedem Konsonanten (Mitlaut) setzt du ein „o" ein, danach wiederholst du den Konsonanten. „Die Mitteilung ist geheim" wird zu „Dodie Momitottotei-lolunongog isostot gogehoheimom." Ändern kannst du diese Sprache, wenn du einen anderen Vokal (a, e, i, u) hinter die Konsonanten setzt.

Pssssst!

Wie funktioniert eine Skytale?

Skytale ist eine etwa 2500 Jahre alte Verschlüsselungsmethode von geheimen Botschaften. Im alten Griechenland wurden damit militärische Informationen weitergegeben. Und so funktioniert es: Ein Band aus Leder oder Pergament wird der Länge nach um einen kompletten Stab gewickelt. Auf dieses wird dann die geheime Nachricht geschrieben.

Anschließend wickelt man das Band ab und bringt es zum Empfänger. Selbst wenn jemand diese Nachricht abfängt, kann er sie nicht lesen, denn die Buchstaben ergeben keinen Sinn. Der Empfänger aber hat einen Stab mit genau dem gleichen Durchmesser wie der Absender. Darauf kann er das Band wickeln und den Text ganz einfach lesen.

Auf einen Streifen Pergament oder Leder wird die geheime Nachricht geschrieben.

Was kostete das teuerste Schmuckstück, das jemals versteigert wurde?

Zu einem Rekordpreis von 18,7 Millionen Euro wurde im Dezember 2008 ein blauer Diamant versteigert. Ein britischer Diamantenhändler kaufte den Stein, der unter dem Namen „Blauer Wittelsbacher" bekannt wurde. Die Wittelsbacher sind ein deutsches Adelsgeschlecht. Um das Juwel, das einst die bayerische Königskrone schmückte, ranken sich viele Geheimnisse.

Wahrscheinlich wurde der Diamant im 17. Jahrhundert in Indien gefunden. Es ist nicht bekannt, wie er von dort nach Europa kam. Über das spanische und österreichische Königshaus gelangte er 1722 schließlich als Hochzeitsgeschenk ins Haus der Wittelsbacher. Nach 1931 verschwand der Stein und tauchte erst 1947 in einer Privatsammlung wieder auf. Wer die Rekordsumme beim Verkauf 2008 erhielt, ist ebenfalls ein Rätsel. Mittlerweile heißt der Diamant nach einem Umschliff des neuen Besitzers „Wittelsbacher-Graff".

Was geschah mit dem größten Diamanten der Welt?

„Cullinan" heißt der bisher größte Rohdiamant der Welt, der 1905 in Südafrika gefunden wurde. Er wog 3106 Karat (etwa 621 Gramm) und war größer als eine Faust. Zwei Jahre nach dem Fund erhielt der englische König Edward VII. (1841–1910) diesen riesigen Diamanten als Geschenk.

Ein Diamantenschleifer versuchte, den gigantischen Edelstein zu spalten, wobei sein Werkzeug zerbrach. Letztendlich jedoch gelang es ihm, den Cullinan zu zerkleinern. Von den 105 einzelnen Diamantstücken wurden die neun größten zu Kronjuwelen des britischen Königshauses verarbeitet. Sie werden bis heute im Londoner Tower verwahrt.

2007 wurde der Fund eines Diamanten mit einem Gewicht von 7000 Karat, das sind 1,4 Kilogramm, gemeldet. Bisher jedoch ist die Echtheit dieses Steins, der ebenfalls aus Südafrika stammt, nicht bestätigt.

Diamanten zählen zu den wertvollsten Edelsteinen der Welt.

Wie kann ein Jesusbild leuchten?

In einer Kirche in Ranchos de Tao im amerikanischen Bundesstaat New Mexiko können Besucher das ungewöhnliche Gemälde „The Shadow of the Cross" (englisch für „Der Schatten des Kreuzes") von Henri Ault bestaunen. Dieser malte im Jahr 1896 eine lebensgroße Jesusfigur. Das Geheimnisvolle daran ist, dass die Wolken und das Wasser um Jesus herum im Dunkeln leuchten. Zudem erscheint ein Heiligenschein über Jesu Kopf und ein Kreuz über seiner linken Schulter.

Der Maler selbst konnte sich diese rätselhafte Besonderheit nicht erklären und behauptete, es liege weder an der Farbe noch an seiner Art zu malen. Einige Forscher gehen jedoch davon aus, dass Ault selbstleuchtende Farbe für das Bild verwendete. Andere dagegen glauben dem Maler und halten das Leuchten weiterhin für ein ungelöstes Rätsel.

Warum ist die „Mona Lisa" so geheimnisvoll?

Eines der rätselhaftesten Gemälde der Welt, die „Mona Lisa" von Leonardo da Vinci (1452–1519), entstand vermutlich zwischen 1503 und 1505 und ist heute im Louvre in Paris ausgestellt. Ungeklärt ist bis heute, welche Frau da Vinci dargestellt hat.

Einige Forscher glauben, es sei die Kaufmannsgattin Lisa del Giocondo (1479–1542) aus Florenz. Andere sagen, der Maler hätte seiner Fantasie nach die ideale Frau geschaffen.

Aber warum lächelt Mona Lisa so geheimnisvoll? Manche meinen, ihr Lächeln verberge das Undurchschaubare, das jede Frau hat. Andere Experten behaupten, dass Mona Lisa an einer Krankheit litt, die zu diesem Gesichtsausdruck führte. Vielleicht war sie aber auch schwanger oder hatte gerade ein Kind bekommen. Man wird es nie erfahren.

Was bedeutet das berühmte Lächeln der Mona Lisa?

? Schon gewusst?

Als die „Mona Lisa" 1963 leihweise in einem New Yorker Museum hing, entging das berühmte Gemälde knapp einer Katastrophe. Es wurde über Stunden von einem Sprinkler, der versehentlich aktiviert worden war, mit Wasser bespritzt. Glücklicherweise konnte es schnell getrocknet werden und trug keine bleibenden Schäden davon. Dieser Vorfall wurde lange Zeit vom Museum geheim gehalten.

GESCHICHTE UND KULTUR

Warum geben uns so viele Gemälde Rätsel auf?

Malt ein Künstler ein Bild, will er damit etwas erzählen oder ausdrücken. Doch gerade bei alten Kunstwerken kann die Bedeutung nicht immer nachvollzogen werden. Der Künstler oder das Motiv können mittlerweile unbekannt, schriftliche Aufzeichnungen über das Gemälde verloren und Aussagen des Urhebers vergessen sein.

Deshalb beschäftigen sich seit Jahrhunderten Kunstwissenschaftler damit, die Inhalte von Kunstwerken zu erforschen. So untersuchen sie zum Beispiel, ob auf Leonardo da Vincis (1452–1519) Wandgemälde „Das letzte Abendmahl" wirklich Maria Magdalena zu sehen ist oder ob bei Rembrandts (1606–1669) „Nachtwache" tatsächlich ein Mord verübt wird. Werden sie es schaffen, Licht ins Dunkel zu bringen?

Höhlenmalereien sind die ersten Kunstwerke der Menschheit.

Wer kaufte das teuerste Gemälde der Welt?

Der höchste Preis, der jemals für ein Gemälde bezahlt wurde, liegt bei 140 Millionen Dollar. Für diese Rekordsumme wurde im November 2006 das Bild „No. 5" des amerikanischen Künstlers Jackson Pollock (1912–1956) verkauft.

Der Käufer dieses 1948 entstandenen Bilds war ein Kunstsammler, der anonym bleiben wollte. Experten gehen davon aus, dass es sich bei ihm um den mexikanischen Investor David Martinez Guzman (geboren 1957) handelt. „No. 5" löste damit das Bild „Adele Bloch-Bauer I" von Gustav Klimt (1862–1918) als teuerstes Gemälde ab, das im Juni 2006 für 135 Millionen Dollar den Besitzer wechselte.

Was bedeuten Höhlenzeichnungen?

Höhlenzeichnungen gibt es auf der ganzen Welt. Die ältesten derzeit bekannten Zeichnungen stammen aus der Altsteinzeit um 31.500 vor Christus und wurden in der „Chauvet-Höhle" in Südfrankreich entdeckt.

In der Regel zeigen die Malereien damals lebende Tiere wie Wollnashörner, Höhlenbären, Pferde und Mammuts. Aber auch Darstellungen von Menschen und einfache Symbole wurden entdeckt.

Über die Bedeutung dieser altsteinzeitlichen Darstellungen sind sich die Experten nicht einig. Zum einen könnten die Bilder Jagderfolge wiedergeben. Andererseits könnten sie aber auch vor der Jagd gemalt worden sein, um die Geister der Tiere zu beschwichtigen und einen Erfolg zu beschwören. Forscher vermuten zudem, dass die Bilder zu religiösen Zeremonien gehörten.

Die Werke welches Künstlers werden am häufigsten gestohlen?

Auf Platz eins der am häufigsten gestohlenen Kunstwerke stehen die des spanischen Malers, Grafikers und Bildhauers Pablo Picasso (1881–1973). Mehr als 500 seiner schätzungsweise 50.000 Werke sind als vermisst gemeldet.

Seine markante Signatur sowie die große Anzahl und der hohe Wert seiner Werke sind vermutlich die Gründe für die häufigen Diebstähle. Im Jahr 2009 wurde zum Beispiel aus dem Picasso-Museum in Paris ein Skizzenbuch im Wert von acht Millionen Euro entwendet. Häufig tauchen gestohlene Kunstwerke wieder auf, wenn sie weiterverkauft werden, doch das kann Jahre oder sogar Jahrzehnte dauern.

Pablo Picassos Werke werden am häufigsten gestohlen.

Was war bisher der ungewöhnlichste Kunstraub?

Einer der spektakulärsten Kunstdiebstähle geschah in der Nacht zum 18. März 1990 in den USA. Zwei als Polizisten verkleidete Männer verschafften sich Eintritt in ein Bostoner Museum und erbeuteten dort zwölf Kunstwerke im Wert von schätzungsweise 250 Millionen Euro. Bis heute fehlt jede Spur von den Tätern und den gestohlenen Schätzen von Meistern wie Rembrandt (1606–1669) oder Vermeer (1632–1675).

Einige Bilder sind sehr wertvoll.

Was ist eine Kunstfälschung?

Von einer Kunstfälschung spricht man, wenn jemand ein Kunstwerk (zum Beispiel ein Gemälde, eine Skulptur oder eine Urkunde) exakt nachahmt und die Absicht hat, die Kopie als Original auszugeben. Manche Fälscher sind dabei so talentiert, dass die Fälschung mit bloßem Auge nicht vom echten Werk zu unterscheiden ist. Der am häufigsten gefälschte Künstler ist der Spanier Salvador Dalí (1904–1989).

Doch wie wird ein gefälschtes Bild entlarvt? Experten benutzen dafür verschiedene Methoden: chemische Untersuchungen der Farben und des Papiers, Röntgenaufnahmen sowie Analysen mit Spezialkameras. Da der Handel mit gefälschten Kunstwerken verboten ist, versucht die Polizei den Fälschern das Handwerk zu legen.

Kunstraub ist über die Jahre Teil des organisierten Verbrechens geworden. So dringen Banden gezielt in Museen oder Privathäuser ein, um genau die Kunstwerke zu stehlen, die von Auftraggebern gewünscht werden. Polizeiliche Verbrechensbekämpfer wie das FBI oder Interpol besitzen deshalb eigene Abteilungen zur Aufklärung von Kunstdiebstählen.

# TRUGBILDER

Optische Täuschungen

Ein optisches Trugbild bezeichnet man auch als visuelle Illusion. Sie entsteht aus der Täuschung unseres Sehsinns und unseres Gehirns.

? Schon gewusst?

Bisher ist es nicht gelungen, eindeutig zu klären, warum wir auf optische Täuschungen „hereinfallen". Einige Forscher sprechen von einem „Blick in die Zukunft", den unser Gehirn vornimmt: Wir erwarten etwas zu sehen, aber es trifft dann doch nicht ein.

Knick in der Optik?

Auf dem Bild unten scheinen die Linien des Vierecks krumm zu sein. Wenn du allerdings ein Lineal oder Geodreieck anlegst, siehst du, dass sie gerade sind. Diese Täuschung basiert auf der Verzerrung der Winkel durch die Linien der zahlreichen Kreise. Wie diese genau funktioniert, ist noch nicht geklärt.

Siehst du das helle X?

Bei der optischen Täuschung oben siehst du mehrere ineinandergelegte Vierecke. In ihren Ecken erscheinen Linien, die es aber in echt gar nicht gibt.

Wenn du das Gitternetz unten genau betrachtest, siehst du im Schnittpunkt der weißen Linien schwarze Flecke. Sie flackern unstet umher. Wenn du dich darauf konzentrierst, werden sie verschwinden. Dieser Effekt hat mit der Verarbeitung im Sehzentrum des Gehirns zu tun.

Die Linien scheinen gebogen. Warum?

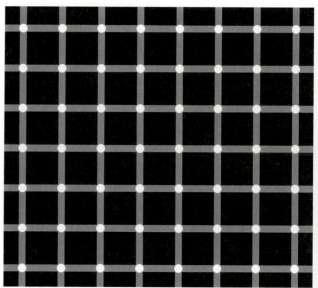

Das Hermann-Gitter

TRUGBILDER

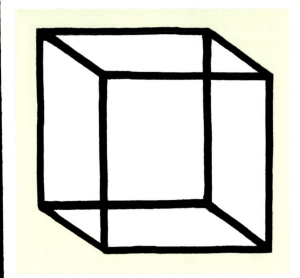

Den Würfel links, der nach dem Schweizer Geologen Louis Albert Necker (1786–1861) Neckerwürfel genannt wird, kannst du auf zwei verschiedene Weisen betrachten (siehe links unten). Doch warum kippt er bei längerer Betrachtung? Die Wahrnehmung eines dreidimensionalen Würfels selbst ist schon eine Interpretation unseres Gehirns, denn auf dem Papier ist nur ein zweidimensionales, flaches Bild zu sehen. Diese Linien können im Gehirn in vielfacher Weise interpretiert werden. Je nachdem auf welche Linien du dich konzentrierst, stehen diese im Vordergrund. Warum das so ist, haben die Wissenschaftler noch nicht herausgefunden.

Bei dem Bild unten hat man den Eindruck, die beiden Kreise würden sich drehen. Doch – wie sollte es bei optischen Täuschungen auch anders sein – in Wahrheit stehen sie völlig still. Auch daran ist unser Gehirn schuld: Da die beiden Kreise aus vielen verschiedenfarbigen und geformten Teilen zusammengesetzt sind, weiß das Gehirn nicht, auf was es zuerst achten soll, und kann das Ganze nicht richtig erfassen.

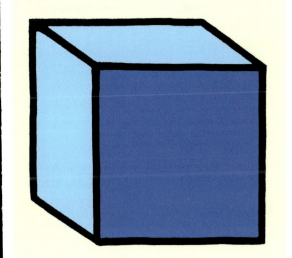

Der Neckerwürfel kann auf unterschiedliche Weise betrachtet werden.

Bewegt sich was?

Warum ist die Gutenbergbibel so wertvoll?

Johannes Gutenberg (um 1400–1468) ist der Erfinder des Buchdrucks mit beweglichen Lettern (Buchstaben) aus Metall. Diese ermöglichten es, Bücher schneller und kostengünstiger zu vervielfältigen. Sein berühmtestes Werk ist der Druck der Bibel in lateinischer Sprache vor über 550 Jahren.

Von den etwa 180 gedruckten Exemplaren sind heute noch 49 erhalten. Was mit den anderen geschah, kann man nur vermuten. Viele wurden sicherlich durch Kriege oder schlechte Aufbewahrung zerstört. 1987 wurde zuletzt eine Gutenbergbibel für circa fünf Millionen Euro verkauft. Das ist bisher der höchste Preis, der jemals für ein Buchdruckwerk gezahlt wurde. Daher ist es kein Wunder, dass die übrig gebliebenen Exemplare hinter Stahltüren und unter Panzerglas wie Schätze gehütet werden.

Die Gutenbergbibel ist das teuerste Buch der Welt.

Was sagt der Mayakalender voraus?

Das Volk der Maya hatte seine Blütezeit zwischen dem 3. und dem 9. Jahrhundert nach Christus in Mittelamerika. Seine Kultur war hoch entwickelt. Besonders bemerkenswert waren die Bauwerke, die Kenntnisse in der Mathematik und Astronomie sowie ein besonderer Kalender.

Dieser Kalender gibt bis heute Rätsel auf. Er gliedert die Zeit nicht in Jahre oder Monate, sondern in Perioden, von denen eine an einem Tag im Jahr 3114 vor Christus beginnt und im Dezember 2012 nach Christus endet. Viele Menschen vermuten deshalb, dass die Maya für das Jahr 2012 den Weltuntergang vorhersagten. Doch das ist nur eine Theorie. Warum genau diese Anfangs- und Endpunkte genannt werden, können die Wissenschaftler noch nicht erklären.

Wie lässt sich die Uhrzeit ohne Armbanduhr feststellen?

Am einfachsten geht das mithilfe einer Sonnenuhr. Einziges Manko: Sie funktioniert natürlich nur, wenn die Sonne scheint. Doch wie kann man daran die Uhrzeit ablesen?

Sonnenuhren haben einen Stab. Dieser wird in die Erde gesteckt oder an einer Hauswand befestigt. Während die Sonne über den Himmel wandert, bewegt sich der Schatten des Stabes wie ein Uhrzeiger langsam über das Zifferblatt der Sonnenuhr, auf dem vorher jede Stunde markiert wurde.

Wann und wo die Sonnenuhr genau erfunden wurde, ist bis heute nicht geklärt. Wahrscheinlich haben verschiedene Menschen sie unabhängig voneinander entwickelt. Bereits im Altertum benutzten die Griechen, Römer und Ägypter diesen Zeitmesser.

Sonnenuhren zeigen ebenfalls exakt die Zeit an.

Mit welchen Tricks arbeiten Sänger im Fernsehen?

Beim Fernsehen wird viel gemogelt. Wenn ein Sänger in einer Show sein neuestes Lied präsentiert, heißt das nicht, dass er es in diesem Moment auch wirklich singt. Manchmal wird die Musik einfach nur von einer CD abgespielt. Der Star tut dann nur so, als singe er. Dabei bewegt er die Lippen synchron, das heißt passend zu den Worten, sodass niemand so leicht die kleine Mogelei bemerkt.

Manchmal lässt sich schwer herausfinden, ob live oder playback gesungen wird.

Damit klingt der Song auf jeden Fall gut, auch wenn der Interpret vielleicht heiser oder die Akustik im Raum schlecht ist. Außerdem spart man sich so den Einsatz einer Begleitband. Übrigens ist es verdächtig, wenn der Star kein Mikrofon benutzt oder das Lied hundertprozentig genauso klingt wie auf der CD – dann hat er vermutlich nicht live gesungen.

Im Film wird mit Kunstblut gearbeitet.

! Probiers aus!

Willst du selbst Kunstblut herstellen? Dann vermische zwei bis drei große Löffel dunkelrote Lebensmittelfarbe mit 80 Milliliter heißem Wasser. Dicke dann die Lösung mit Kakaopulver ein. Je mehr Pulver untergerührt wird, desto dicker ist im Anschluss das Kunstblut.

Woher kommt das Blut in Filmen?

Bei Grusel- und Actionfilmen fließt in der Regel jede Menge Blut. Aber natürlich sind weder die Wunden noch das Blut echt. Damit der Zuschauer den Unterschied jedoch nicht bemerkt, sind bei solchen Filmproduktionen Maskenbildner für Spezialeffekte im Einsatz.

Sie kennen alle Sorten von Kunstblut. Wenn die Verletzung frisch ist, wird helles Filmblut verwendet. Dunkler muss die Flüssigkeit sein, wenn sich bereits eine Kruste gebildet hat. Kunstblut besteht meist aus Lebensmittelfarbe und Gelatine. Soll dem Schauspieler Blut aus dem Mund laufen, muss er vorher auf eine Kapsel beißen, die zum Beispiel lecker nach Erdbeere schmeckt.

Wie gefährlich sind Stuntszenen?

Kein Actionfilm kommt ohne Stuntszenen aus. Da diese tatsächlich oft sehr riskant sind, werden sie von professionellen Stuntfirmen geplant und umgesetzt. Die Experten wissen, wie man zum Beispiel ein Auto kontrolliert explodieren lässt, ohne dass dabei Menschen in Gefahr geraten.

Die Koordination von Stunts erfordert eine exakte Planung. Wenn ein Auto über eine Rampe brettert und dann über mehrere Fahrzeuge springt, wird vorab genau berechnet, in welchem Winkel und mit welcher Geschwindigkeit das Auto abheben muss. Nur so lässt sich ein echter Unfall vermeiden.

Mit welchen Tricks arbeitet ein Stuntman?

Wenn gefährliche Szenen gedreht werden, übernimmt im Film meist ein Stuntman die Rolle des Hauptdarstellers. Wer als Stuntman arbeiten will, muss körperlich topfit sein und mehrere Jahre trainiert haben, um jedes Verletzungsrisiko zu vermeiden. Er erlernt zum Beispiel besondere Falltechniken und kann daher täuschend echt eine Treppe herunterfallen.

Bei Feuerstunts zieht der Actionheld erst nasse Kleidung und dann einen feuerfesten Anzug an, damit ihm nichts passiert. Und bei einem waghalsigen Sprung von einem Hausdach landet der Stuntman relativ weich auf Pappkartons oder Matten, die den Aufprall optimal abfedern.

Ein Motorradstunt

Der Stuntman ist vor dem Feuer gut geschützt.

Wer hilft Schauspielern, die ihren Text vergessen?

Wer schon mal im Theater war, weiß, wie viel Text Schauspieler auswendig lernen müssen. Trotz guter Vorbereitung kann es jedoch passieren, dass das Gedächtnis den Darsteller plötzlich im Stich lässt.

Für diesen Fall beschäftigen viele Theater einen Souffleur, der dem Schauspieler heimlich und leise den Text zuflüstert. Der Souffleur sitzt so versteckt, dass ihn niemand sehen kann. Manche Theater haben einen Souffleurkasten. Das ist eine am vorderen Bühnenrand in den Boden eingelassene Kabine. Es kann aber auch sein, dass der geheime Flüsterer in der Kulisse oder vorn im Publikum sitzt.

Wer versteckt sich im Orchestergraben?

Lange bevor in einem Opernhaus oder Theater die Vorstellung beginnt, kommen die Musiker mit ihren Instrumenten am Bühneneingang an. Später, während der Vorführung, sind die Streicher oder Bläser gut zu hören, doch auf der Bühne ist keiner von ihnen zu sehen. Doch wo stecken sie?

Das Orchester sitzt vertieft in einem Graben. Diese Senke liegt zwischen der Bühne und den Zuschauerplätzen. So hat das Publikum eine ungehinderte Sicht auf die Bühne und kann dem Stück ohne Ablenkung folgen.

Gibt es James Bonds Geheimwaffen wirklich?

Damit James Bond seine gefährlichen Abenteuer bestehen kann, ist er mit den neuesten technischen Spielereien und Geheimwaffen ausgestattet. Diese werden in der Q-Abteilung für den Superagenten entwickelt.

Die Figuren James Bond und Q, der Leiter der Entwicklungsabteilung, sind Erfindungen des britischen Autors Ian Fleming (1908–1964). Was der Schriftsteller nicht ahnen konnte: Viele technische Spezialausrüstungen, mit deren Hilfe 007 seine Gegner bezwang, waren zukunftsweisend und inspirierten die Geheimdienste. So besitzt Bonds Wagen im Film „Goldfinger" ein Ortungsgerät. Der amerikanische Geheimdienst fand diese Idee damals äußerst interessant. Ein paar Jahrzehnte später kam tatsächlich etwas Vergleichbares auf den Markt: das Navigationssystem.

Wie gelangt eine Comicfigur in einen Realfilm?

Die meisten Filme sind Realfilme. Das bedeutet: Die Filmhelden sind Schauspieler, also reale Personen. Darin liegt der Unterschied zum Trick- und Animationsfilm, bei dem die Hauptdarsteller am Zeichenbrett oder am Computer entstehen.

Es gibt aber auch Mischformen wie den Film „Casper", in dem ein Geist animiert ist. Auch in der Serie „Meister Eder und sein Pumuckl" ist der Kobold bei den Dreharbeiten gar nicht mit dabei. Meister Eder spielt alle Szenen ohne seinen kleinen Freund. Die Zeichner erwecken den Kobold erst später zum Leben. Nachträglich wird der Rotschopf dann in die Szenen eingefügt.

Pumuckl „spricht" mit Meister Eder.

GESCHICHTE UND KULTUR

Was ist ein Anschlussfehler?

Wenn man Filme ganz aufmerksam verfolgt, bemerkt man manchmal Dinge, die nicht logisch sind. Im ersten Harry-Potter-Film gibt es zum Beispiel eine Szene, in der Harry im Kampf verletzt wird. Er hat einen großen Kratzer am Kinn, der aber bereits verschwunden ist, als Albus Dumbledore den verletzten Zauberschüler besucht. Kurze Zeit später ist der Kratzer hingegen wieder gut zu sehen.

Solche Fehler passieren deshalb, weil Filmszenen nicht in der Reihenfolge gedreht werden, in der sie später zu sehen sind. Das Filmteam muss aufpassen, dass eine Szene sauber an die nächste anschließt und die Requisiten zwischenzeitlich nicht verändert wurden. Dass das nicht immer funktioniert, sieht man an den Anschlussfehlern.

Nach Hause telefonieren …

Warum wirken Figuren in 3-D-Filmen so realistisch?

3-D-Filme machen den Kinobesuch für die Zuschauer zum Erlebnis: Die Figuren wirken erstaunlich echt. Es scheint, als könnten sie problemlos die Leinwand verlassen. Natürlich passiert das nicht wirklich – alles ist nur eine Täuschung des Gehirns.

Damit diese Täuschung funktioniert, werden die Szenen der 3-D-Filme mit zwei Kameras gedreht. Der Abstand der Linsen entspricht dem unserer Augen. Im Kino werden beide Bilder gleichzeitig auf die Leinwand geworfen. Da das Gesamtbild so aber verschwommen aussieht, muss der Zuschauer eine Spezialbrille aufsetzen. Durch diese kann das Gehirn beide Perspektiven einer Szene auswerten und zu einem Bild mit räumlicher Darstellung zusammensetzen.

Wie wurde E.T. zum Leben erweckt?

Als „E.T. – Der Außerirdische" 1982 in die Kinos kam, verliebten sich die Zuschauer reihenweise in den kleinen Filmhelden. Das lag daran, dass sein Aussehen eher niedlich als Furcht einflößend ist. Die „Väter" von E.T. arbeiteten viele Stunden an jedem einzelnen Detail, um die Fantasiegestalt mit menschlichen Zügen zu versehen.

Um E.T. schließlich zum Leben zu erwecken, mussten drei Puppen gebaut werden. Eine mechanische war an Kabel angeschlossen und wurde von zwölf Operateuren bewegt. Die Steuerung des zweiten Modells, das die Gesichtszüge verändern konnte, erfolgte elektronisch per Fernbedienung. Der dritte E.T. bestand aus einer Art Ganzkörperanzug. Darin versteckt saßen kleinwüchsige Schauspieler.

Wie wurde King Kong verbessert?

Die Geschichte über den starken Gorilla King Kong wurde mehrfach verfilmt. Seinen ersten Auftritt hatte der Riesenaffe 1933 in „King Kong und die weiße Frau". In diesem Film wurde King Kong noch von einer mechanischen Modellpuppe dargestellt. Dementsprechend begrenzt sind die Bewegungen und die Mimik des Affen.

1933 war King Kong zum ersten Mal auf der Leinwand zu sehen.

Im Jahr 2005 kam eine Neuverfilmung in die Kinos. Der moderne King Kong wirkt darin täuschend echt. Möglich macht das die moderne Technik, denn der Affe wurde am Computer entwickelt. Trotzdem kam ein Schauspieler zum Einsatz, dessen kleinste Bewegungen aufgezeichnet und auf die Computerfigur übertragen wurden.

Was bringt uns im Film zum Lachen?

Was ist eine Lachkonserve?

Bei vielen lustigen Fernsehserien kommen Lachkonserven oder -maschinen zum Einsatz. Man kann sie immer dann hören, wenn ein Darsteller einen Witz gemacht hat. Der Zuschauer vor dem Bildschirm soll glauben, das Gelächter käme von einem Publikum, das im Fernsehstudio sitzt.

In Wahrheit gibt es dieses aber gar nicht. Die meisten Filmsets sind dafür viel zu klein. Deshalb wird das Lachen im Nachhinein beim Zusammenschnitt der Szenen eingefügt. Der Cutter, der dafür verantwortlich ist, hat mehrere Tonaufnahmen mit verschiedenen Arten von Gelächter zur Verfügung. Durch die Verwendung einer Lachkonserve wirkt die Sendung viel fröhlicher und der Zuschauer fällt mithilfe dieses geheimen Tricks in das ansteckende Lachen ein.

Was ist eine Lachkonserve?

Wie kommen die Geräusche in den Film?

Ob das Knistern eines Feuers oder Schritte im Schnee – in jedem Film gibt es eine Vielzahl von Geräuschen. Da der Originalton, der beim Filmdreh aufgezeichnet wird, selten von guter Qualität ist, kommt später der Geräuschemacher zum Einsatz. Er produziert im Studio die Töne noch einmal nach.

Dafür benutzt der Geräuschemacher ganz unterschiedliche und teilweise auch sehr ungewöhnliche Requisiten. Um den Ton eines knackenden Feuers zu erzeugen, reicht ihm ein Stück Folie aus Zellophan. Knüllt man diese zusammen, hört sich das wie Flammenknistern an. Das erzeugte Geräusch wird aufgenommen und an der entsprechenden Stelle im Film eingespielt. Dann ist das Kaminfeuer nicht nur zu sehen, sondern auch gut zu hören.

> **! Probiers aus!**
> Willst du auch einmal Geräusche imitieren? Hier findest du ein paar tolle Tipps!
> - Schritte im Schnee: Fülle einen kleinen Stoffsack mit Mehl und drücke ihn zusammen.
> - Heulender Wind: Blase über den Hals einer leeren Flasche.
> - Regenprasseln: Fülle eine Pappröhre mit etwas Reis, verschließe sie und schüttle das Rohr.

Mit Zellophanfolie imitiert der Geräuchemacher ein knisterndes Kaminfeuer.

Kann Harry Potter tatsächlich fliegen?

Wenn Harry Potter und seine Freunde im Film beim Quidditch-Spiel auf ihren Besen durch die Luft sausen und dem Schnatz nachjagen, sieht es so aus, als flögen sie wirklich. Doch das geht natürlich nur mit technischen Tricks.

Bei der sogenannten „Keying"-Technik befindet sich der Schauspieler vor einer einfarbigen grünen oder blauen Wand. Er sitzt auf einem an Seilen befestigten Besen, eine Windmaschine sorgt dafür, dass die Haare fliegen.

Das Ganze wird gefilmt, später am Computer ausgeschnitten und in den getrennt gefilmten Hintergrund eingesetzt. Dieses tricktechnische Zusammenfügen verschiedener Elemente in ein Bild nennt man Compositing.

Warum verschwinden im Bermudadreieck Schiffe und Flugzeuge?

Das Bermudadreieck bezeichnet ein Seegebiet im Atlantischen Ozean. Es liegt zwischen den Bermudainseln, Florida und Puerto Rico. Dort sollen wiederholt Schiffe und Flugzeuge auf unerklärliche Weise verschwunden sein.

Berichten zufolge waren unter anderem gewaltige Stürme und riesige Wellen dafür verantwortlich. Einige Wissenschaftler vermuten dagegen, dass vom Meeresgrund aufsteigende Methangase zum Untergang von Schiffen geführt, die Motoren von Flugzeugen entzündet und darüber hinaus Magnetfelder erzeugt haben, die elektrische Geräte und Kompasse lahmlegen.

Fakt ist jedoch, dass sich viele Unfälle Hunderte von Seemeilen entfernt ereignet haben. Doch aufgrund der menschlichen Fantasie und aus Liebe zu spannenden Geschichten wurden sie einfach ins Bermudadreieck verlegt.

Warum verschwanden Schiffe im Bermudadreieck?

Worunter wurde Pompeji begraben?

Pompeji ist eine italienische Stadt in der Nähe von Neapel, die vor knapp 2000 Jahren bei einem Vulkanausbruch verschüttet wurde. Unter einer dicken Lavaschicht begrub der Vesuv am 24. August 79 die antike Stadt und ihre Bewohner.

Erst im 18. Jahrhundert begannen die Ausgrabungen. Da die Schlamm- und Lavamassen die Stadt nahezu luftdicht abgeschlossen hatten, sind viele Ruinen, Kunst- und Alltagsgegenstände gut erhalten. Deshalb weiß man heute recht genau, wie die Menschen damals in Pompeji lebten.

Pompeji und der Vesuv

Warum ging Rungholt unter?

Bis Anfang des 20. Jahrhunderts hielt man die nordfriesische Stadt Rungholt eher für eine Legende als für Wirklichkeit. Doch archäologische Funde ergaben, dass Rungholt im Januar 1362 durch eine der schlimmsten Sturmfluten unterging. Die Stadt lag auf der ehemaligen Insel Strand vor der Nordseeküste Schleswig-Holsteins. Die Insel Strand selbst wurde durch eine weitere gewaltige Flut im Jahre 1634 zerstört. Heute existieren von Strand nur noch einige kleinere Inselteile.

Über die Bedeutung der versunkenen Stadt Rungholt gehen die Meinungen der Experten auseinander: Fischerdorf oder Großstadt mit Seehafen? Einer Legende nach sollen ihre Bewohner Gotteslästerer gewesen sein. Mit dem Untergang der Stadt wurden sie von Gott für ihre Sünden bestraft.

WARUM VERSANK ATLANTIS IM MEER?

Viele Sagen ranken sich um die Insel Atlantis, die vor Tausenden von Jahren im Meer versunken sein soll. Ob es diesen mächtigen und reichen Inselstaat überhaupt gab, ist fraglich. Vor fast 2500 Jahren beschrieb der antike Gelehrte Platon (427–347 vor Christus) als Erster die Insel, die größer als Nordafrika und der damals bekannte Teil Asiens gewesen sein soll.

Als die Bewohner Atlantis' versuchten Athen anzugreifen, wurden sie von den Griechen besiegt. Daraufhin versank die Insel innerhalb eines Tages und einer Nacht durch ein starkes Erdbeben und eine gewaltige Flutwelle im Meer. Obwohl viele Atlantis für eine reine Erfindung Platons halten, suchen Forscher seitdem nach der sagenhaften Insel.

Wo lag Atlantis?

Laut Beschreibungen Platons (427–347 vor Christus) lag Atlantis außerhalb der Straße von Gibraltar im Atlantischen Ozean. Seitdem versuchen Forscher herauszufinden, wo genau die geheimnisvolle Insel versunken sein könnte und ob Überreste vorhanden sind.

Lange Zeit wurde Atlantis im Gebiet des Bermudadreiecks vermutet. Andere nehmen an, dass die antike Stadt Troja, die in der heutigen Türkei lag, mit Atlantis identisch ist. Eine weitere Theorie besagt, dass sich die Insel im Schwarzen Meer befand. Dort soll es vor langer Zeit eine Flut gegeben haben, durch die die Insel versank. Bis heute gibt es jedoch keinerlei Beweise für diese Vermutungen.

Hat es Atlantis wirklich gegeben?

Wo lag Troja?

Troja war eine antike Stadt, die 1873 vom deutschen Archäologen Heinrich Schliemann (1822–1890) im Nordwesten der heutigen Türkei wiedergefunden wurde. Sie lag auf dem Hügel Hissarlik an der Mittelmeerküste. Dort kann man heute die antiken Ruinen bestaunen.

Von circa 3000 vor Christus bis zum Ende des 5. Jahrhunderts war Troja besiedelt. Forscher stellten durch Ausgrabungen fest, dass die Stadt im Laufe der Jahrhunderte mehrfach zerstört und immer wieder aufgebaut worden war. Ursachen dafür waren unter anderem Erdbeben, Brände und vermutlich Kriege. Die Wissenschaftler sind sich jedoch bis heute nicht einig, ob Troja ein bedeutendes Handelszentrum oder nur ein kleines Städtchen war.

Erst seit 1924 dürfen Besucher in die Verbotene Stadt.

Warum war die Verbotene Stadt verboten?

Die Verbotene Stadt liegt im Zentrum der chinesischen Hauptstadt Peking. Sie war jahrhundertelang Sitz der Kaiser der Ming- und Qingdynastie. Von Stadtmauern umschlossen ist diese Palastanlage, die von 1406 bis 1420 erbaut wurde, eine Stadt in der Stadt.

Ihr Zutritt war der einfachen Bevölkerung verboten – daher ihr Name. Nur die Kaiser, ihre Familien und die Bediensteten durften sie betreten. Mit einer Gesamtfläche von 720.000 Quadratmetern ist sie ein Bauwerk der Superlative. Etwa eine Million Arbeiter und 100.000 Kunsthandwerker waren daran beteiligt. Erst seit 1924, als die Tore für die Allgemeinheit geöffnet wurden, können auch Touristen die Verbotene Stadt besichtigen.

Wer trieb sein Unwesen in Transsilvanien?

Transsilvanien, auch Siebenbürgen genannt, ist ein Gebiet, das seit 1921 zu Rumänien gehört. Der Name stammt aus dem Lateinischen und heißt übersetzt „Land hinter den Wäldern". Bekannt ist Siebenbürgen vor allem durch den sagenhaften Vampir Graf Dracula.

Tatsächlich lebte im 15. Jahrhundert ein Fürst namens Vlad III. Drăculea (1431–1476) in Siebenbürgen. Sein Schloss Bran bei Braşov wird auch heute noch als Draculaschloss bezeichnet. Es ist allerdings nicht nachweisbar, dass Fürst Vlad sich dort wirklich längere Zeit aufgehalten hat. Die Legenden um ihn dienten jedoch als Vorlage für die weltbekannte Geschichte von Graf Dracula.

Schloss Bran in Transsilvanien gilt als die Heimat Graf Draculas.

Gibt es das Dornröschenschloss wirklich?

Hatten die Brüder Grimm, als sie um 1810 das Märchen Dornröschen verfassten, für ihre Beschreibung des Schlosses ein echtes Vorbild? Das lässt sich nicht genau sagen. Tatsache ist aber, dass es eine Burgruine gibt, die im Volksmund Dornröschenschloss genannt wird. Die Sababurg wurde im Mittelalter erbaut und liegt im nordhessischen Reinhardswald in der Nähe von Kassel.

1490 wurde die Festung zu einem Jagdschloss ausgebaut. Ende des 16. Jahrhunderts wuchs wie im Märchen eine Dornenhecke um das Schloss. In den folgenden Jahrhunderten wurde es jedoch teilweise beschädigt und zerstört. Heute ist das Schloss, das an ein Märchenschloss erinnert, eine Touristenattraktion: mit Burggarten, Turmzimmer und inmitten eines Waldes gelegen.

GEOGRAFIE UND NATUR

GEOGRAFIE UND NATUR

Warum stehen riesige Steinfiguren auf der Osterinsel?

Als der Niederländer Jacob Roggeveen (1659–1729) am Ostersonntag des Jahres 1722 auf einer Insel im Pazifischen Ozean landete, nannte er sie einfach Osterinsel. Das kleine Eiland, das von seinen polynesischen Ureinwohnern „Rapa Nui" genannt wird, gehört heute zu Chile. Bestaunen kann man auf Rapa Nui Hunderte große Steinfiguren, die Moais, die meistens zwischen drei und zehn Meter hoch sind.

Diese Statuen aus Vulkangestein bestehen aus einem Oberkörper mit Armen und einem riesigen Kopf. Mehr als 600 Stück sind davon noch auf der Insel zu finden. Warum diese Skulpturen aufgestellt wurden, ist nicht vollständig geklärt. Viele vermuten, dass sie Bildnisse von Häuptlingen sind. Andere glauben, sie zeigen berühmte Vorfahren der Ureinwohner.

Durch den Grand Canyon schlängelt sich der Fluss Colorado.

Wie entstand die tiefste Schlucht der Welt?

Der Grand Canyon ist die tiefste Schlucht der Welt. Er liegt im US-Bundesstaat Arizona und zieht sich ungefähr 450 Kilometer durch die Landschaft. Die meist rötlichen Felswände ragen bis zu 1600 Meter in die Höhe und sind bis zu 29 Kilometer breit.

Entstanden sind diese beeindruckenden Felsschluchten in Millionen von Jahren. Der Fluss Colorado grub sich über die Zeit tief in das ihn umgebene Felsplateau; das führte zu den gewaltigen Einschnitten in den Kalk- und Sandsteinschichten. Der Grand Canyon gehört seit 1979 zur UNESCO-Liste des Weltnaturerbes. Dort sind einzigartige Naturdenkmäler verzeichnet, die unter besonderem Schutz stehen.

Wie entstand der Damm des Riesen?

An der nordirischen Küste, etwa 100 Kilometer von der Hauptstadt Belfast entfernt, befindet sich das Naturdenkmal „Giant's Causeway" (englisch für „Damm des Riesen"). Das ist eine Formation von senkrecht stehenden Säulen aus einem besonderen Lavagestein namens Basalt. Wissenschaftler fanden heraus, dass die etwa 40.000 Basaltsäulen vor über 60 Millionen Jahren entstanden sind.

Eine irische Legende besagt hingegen, dass der Riese Fionn MacCumhaill den Damm erbaute, um seinen größten Feind, den schottischen Riesen Benandonner, zu bekämpfen. Fionn MacCumhaill bezwang schließlich seinen Konkurrenten durch eine List in Irland.

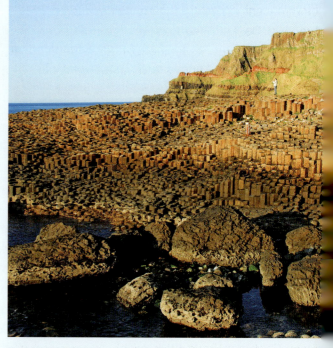

Der Giant's Causeway ist fünf Kilometer lang und zählt zum Weltnaturerbe.

Wie entstehen Sternschnuppen?

Manchmal kann man am klaren Nachthimmel Sternschnuppen beobachten. Sie erwecken den Eindruck, als fielen Sterne vom Himmel. Doch in Wirklichkeit handelt es sich um kleine Meteorite oder Staubkörnchen, die in die Erdatmosphäre eintreten und dabei verglühen.

Neben einzeln auftretenden Meteoren gibt es ganze Meteorströme. Diese entstehen, wenn die Erde die Flugbahn eines Kometen kreuzt. Kometen verlieren in Sonnennähe Gas- und Staubpartikel. Die Partikel erzeugen den Kometenschweif, der eine Länge von mehreren Kilometern erreichen kann. Besonders gut lässt sich dieses schöne Naturschauspiel im August und Dezember beobachten. Wer dann lang genug wach bleibt, der wird – so heißt es – mit der Erfüllung seiner Wünsche belohnt.

Was ist eine Sonnenfinsternis?

Der Mond umkreist die Erde und gemeinsam mit ihr die Sonne. Mond und Erde sind also ständig in Bewegung. Es kann passieren, dass der Mond genau zwischen unseren Planeten und die Sonne tritt und diese aus unserer Perspektive verdeckt. Dann spricht man von einer Sonnenfinsternis.

Wenn sich der Mond vor die Sonne geschoben hat, wird es auf der Erde für ein paar Minuten kühl und dunkel. Es ist, als würde binnen weniger Sekunden die Nacht hereinbrechen. Deshalb verstummen auch die Vögel, nachtaktive Tiere hingegen erwachen. Diese besondere Mond-Sonnen-Konstellation ist äußerst selten. Die nächste totale Sonnenfinsternis in Europa trifft Spanien im Jahr 2026.

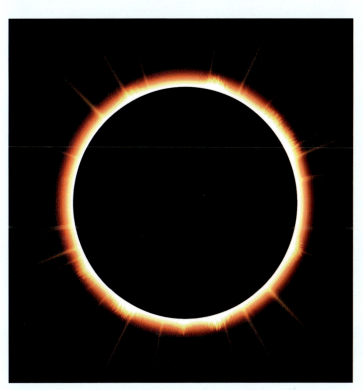

In der Phase der ringförmigen Sonnenfinsternis bleibt der äußere Teil der Sonne sichtbar.

Was ist ein Blutmond?

Auf dem Mond und auf der Erde wäre es ohne Sonnenlicht dunkel. Wir können den Mond nur deshalb sehen, weil er von der Sonne angestrahlt wird. Bei einer totalen Mondfinsternis scheint es aber so, als sei der Mond fast verschwunden. In Wirklichkeit liegt er aber im Schatten der Erde. Der Schatten unseres Planeten „verschluckt" also den Mond und das teilweise länger als eine Stunde.

Dieses Spektakel am Himmel kann nur bei Vollmond stattfinden, wenn die Erde zwischen Sonne und Mond steht. Doch der Erdschatten reicht nicht aus, um den Mond völlig unsichtbar zu machen. Bei einer Verfinsterung schimmert er noch immer schwach in einem rötlichen Licht und wird deshalb auch „Blutmond" genannt.

GEOGRAFIE UND NATUR

Warum fallen wir nicht von der Erdkugel herunter?

Ob ein leichtes Blatt Papier oder ein schweres Buch – jeder Gegenstand, den wir fallen lassen, landet mehr oder weniger schnell auf dem Boden. Das liegt daran, dass sich auf der Erde alle Körper gegenseitig anziehen. Diese Anziehung bezeichnet man als Gravitations- oder Schwerkraft.

Natürlich wirkt die Schwerkraft auch auf den menschlichen Körper und sorgt dafür, dass wir nicht plötzlich abheben und in der Luft schweben. Die Gravitation wirkt übrigens nicht nur auf der Erde, sondern auch im Weltall. Sie hält unter anderem die Planeten in ihrer Umlaufbahn um die Sonne.

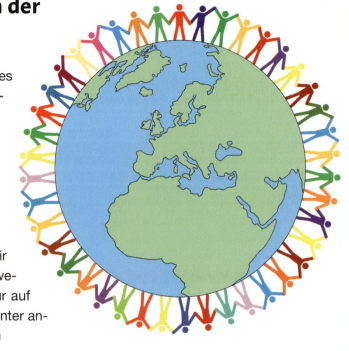

Warum fallen wir nicht von der Erde herunter?

Häufig treten Fata Morganas in der Wüste auf.

Was ist eine Fata Morgana?

Die Sonne brennt, der Sand ist heiß, das Land einsam – doch plötzlich sieht der Reisende inmitten der kargen Wüstenlandschaft eine saftig grüne Oase. Als er darauf zugehen will, verschwindet sie wieder. Was ist passiert?

Wahrscheinlich hat der Wüstenwanderer eine Fata Morgana gesehen. Das ist eine Luftspiegelung. Sie kann entstehen, wenn Luftschichten unterschiedliche Temperaturen aufweisen. Wenn die verschiedenen Schichten aufeinandertreffen, werden Lichtstrahlen gebrochen und reflektiert – so ähnlich wie bei einem Spiegel.

Die Oase, die der Reisende sieht, gibt es tatsächlich. Nur ist sie sehr weit entfernt. An der Stelle, an der er sie vermutet, ist lediglich ihr Spiegelbild zu sehen. Es handelt sich bei einer Fata Morgana also um eine optische Täuschung, die den Reisenden im schlimmsten Fall von seinem Weg durch die Wüste abbringt.

? Schon gewusst?

Es war der Naturwissenschaftler Isaac Newton (1643–1727), der erkannte, dass sich Körper gegenseitig anziehen. Ein Apfel, der vom Baum auf seinen Kopf fiel, soll Newton dazu veranlasst haben, die Gesetze der Schwerkraft zu erforschen.

Wieso flimmert die Luft an heissen Tagen?

Hast du schon einmal beobachtet, wie an heißen Tagen die Luft über der Straße zu flimmern beginnt? Manchmal sieht es sogar so aus, als hätte sich eine Pfütze auf dem Asphalt gebildet. Doch die Wasserlache, die man sieht, verschwindet beim Näherkommen genauso wie die Oase bei einer Fata Morgana.

Das ist auch nicht weiter verwunderlich, denn das Luftflimmern ist im Grunde ebenfalls eine Fata Morgana. Die Luft direkt über der Straße ist heißer und dehnt sich aus. Die Schicht darüber ist kühler und dichter. Das Sonnenlicht trifft somit auf Luftschichten mit unterschiedlicher Temperatur und Dichte. Es kommt zu einer Spiegelung, die wir als Flimmern wahrnehmen.

Wie kommt der Staub aus der Sahara zu uns?

Immer wieder passiert es, dass Autobesitzer hierzulande eine große Überraschung erleben. Denn manchmal sind ihre Fahrzeuge von rotgelbem Staub überzogen. Es scheint fast, als hätte jemand gelben Puderzucker darüber verteilt.

Tatsächlich kommt der Staub aus der Wüste Sahara in Afrika. Dort entstehen pro Jahr bis zu 700 Millionen Tonnen Staub. Der Wüstenstaub wird vom Wind aufgewirbelt und in die obersten Schichten der Luft getragen. Nun treten die kleinen leichten Staubpartikel eine lange Reise an. Westliche Winde befördern sie häufig in Richtung Südamerika. Doch manchmal gelangt der Staub auch nach Mitteleuropa und gibt dort den Häusern, Gärten und Autos einen gelben Anstrich.

Ein Regenbogen

Wie entsteht ein Regenbogen?

An manchen Tagen geht plötzlich ein Regenschauer nieder, obwohl die Sonne scheint. Solch wechselhaftes Wetter ist die ideale Voraussetzung für einen Regenbogen.

Ein Regenbogen ist eine farbige Lichterscheinung. Sie entsteht, wenn Sonnenstrahlen auf Regentropfen treffen. Die Tropfen wirken wie ein Glasprisma. Das Licht wird darin gebrochen, umgeleitet oder gespiegelt. Die Farben in einem Regenbogen sind immer gleich angeordnet: Der äußere Rand ist rot, der innere violett. Dazwischen liegen die Farben Orange, Gelb, Grün und Blau. Das weiße Licht wird durch die Regentropfen in seine Bestandteile aufgespalten.

Saharastaub gelangt manchmal sogar bis zu uns.

GEOGRAFIE UND NATUR

SURVIVALTIPPS

Pfadfindertechniken

Pfadfinder wissen, wie man in der Natur ohne viel Luxus überlebt. Hier kannst du dir einige nützliche Dinge abschauen und selbst ausprobieren.

Lagerfeuer

Wenn du ein Lagerfeuer machen willst, musst du erst einmal eine passende Feuerstelle finden oder selbst gestalten. Feuerstellen sind immer so einzurichten, dass die Flammen nicht auf umliegende Gegenstände und brennbares Material übergreifen können! Habe daher am besten immer einen Eimer mit Wasser parat.

! Achtung!

Mache nur in Begleitung von Erwachsenen Feuer! Das Feuer muss die ganze Zeit bewacht werden! Lösche es am Ende gut, damit keine Glutnester zurückbleiben!

Feuerstelle

Eine einfache Möglichkeit, eine Feuerstelle einzurichten, ist, Rasenstücke aus einer Wiese auszustechen und darin das Holz aufzuschichten. Ist das Feuer abgebrannt und die Asche erkaltet, kann die Feuerstelle mit den Rasenstücken wieder abgedeckt werden. Eine andere Variante, die für Kies oder Erdboden ideal ist, wäre, die Stelle mit Steinen zu umranden.

Brennholz und Zunder

Für das Feuer brauchst du gutes Feuerholz. Am besten ist das von Eichen, Eschen oder Rotbuchen geeignet. Andere Holzarten sind jedoch ebenso zweckgerecht. Des Weiteren benötigst du Material für Zunder, mit dem du das Feuer entfachen kannst. Hierfür eignet sich zum Beispiel Papier, leicht brennbares Reisig oder kleinere Äste.

Lagerfeuerformen

Es gibt verschiedene Formen des Lagerfeuers.

Sternfeuer: Ordne ein paar kleine Stämme sternförmig an. Wechsle dabei mit längeren und kürzeren ab, das ergibt ein schönes Sternenmuster.

Ein Sternfeuer

Pyramidenfeuer: Lege in die Mitte deiner Feuerstelle den Zunder und staple darüber einige Stämme pyramidenförmig auf.

Ein Pyramidenfeuer

Jägerfeuer: Lege zwei größere Stämme in einem Abstand von etwa zehn Zentimetern nebeneinander und gib Zunder dazwischen. Begrenze die Feuerstelle nach hinten mit einem weiteren Stamm, den du quer über die anderen beiden legst.

Grubenfeuer: Buddele eine kleine Grube und schlichte das Holz hinein. Achte darauf, dass das Feuer auch genügend Luft zum Brennen bekommt.

SURVIVALTIPPS

Knoten

Du musst etwas festbinden oder umschlingen? Hier ein paar Tipps für den richtigen Knoten!

Der einfache Knoten: Den einfachen Knoten kennst du bestimmt vom Schuhebinden. Er ist der leichteste Knoten, ist aber nicht besonders fest.

Einfacher Knoten

Der Achterknoten: Mit diesem Knoten kannst du eine besonders feste Schlaufe bilden.

Achterknoten

Der Weberflachknoten: Mit diesem Knoten kannst du zwei gleich dicke Seile miteinander verbinden.

Weberflachknoten

Orientierung ohne Hilfsmittel

Wenn du mit deinen Freunden unterwegs bist, nimmst du sicherlich nicht immer Karte und Kompass mit. Doch was ist, wenn ihr euch verirrt? Hier ein paar Tipps, wie ihr euch wieder orientieren und den Weg nach Hause finden könnt.

Am einfachsten ist es, sich nach den Himmelsrichtungen zu orientieren. Diese lassen sich ganz einfach mithilfe der Sonne bestimmen. Diese geht im Osten auf, liegt mittags im Süden und geht abends im Westen unter.

Doch was tun, wenn keine Sonne zu sehen ist, weil sie von Wolken verdeckt wird oder es Nacht ist? Dann gibt es noch andere Hilfestellungen. Solltet ihr zufällig auf eine alte Kirche treffen, könnt ihr innerhalb weniger Sekunden die Himmelsrichtungen bestimmen. Denn in allen Kirchen wurde der Altar früher nach Osten ausgerichtet. Nachts könnt ihr euch am Polarstern orientieren. Er ist einer der hellsten Sterne am Himmel und steht immer im Norden

Wegzeichen

Ihr seid in Gruppen unterwegs und wollt nicht auf die Nachzügler warten. Dann gebt ihnen doch einfach mithilfe von Wegzeichen Bescheid, wohin ihr gegangen seid. Hier ein paar Beispiele, mit denen ihr die wichtigsten Infos weitergeben könnt.

Wo geht die Sonne nicht unter?

Während sich die Sonne in Polarnächten gar nicht zeigt, geht sie in den Mittsommernächten überhaupt nicht unter. Dieses Phänomen hat mit der Stellung der Erde zur Sonne zu tun. Wenn es auf der Nordhalbkugel am 21. Dezember dämmert, bricht die längste Nacht des Jahres an. Von jetzt an werden die Tage bis zum 21. Juni wieder länger. Das ist der Tag der Sommersonnenwende.

Die Nächte rund um dieses Datum sind sehr kurz, da die Sonne früh aufgeht und erst spät am Horizont verschwindet. Über besonders lange Tage freuen sich in Europa die Menschen in Norwegen, Schweden und Finnland. Während sie im Winter unter der langen Dunkelheit leiden müssen, bleibt es dort im Juni auch nachts hell.

Ein Polartag, an dem die Sonne nicht untergeht, dauert an den Polen ein halbes Jahr.

Lassen Dämonen den polaren Nachthimmel aufleuchten?

Bevor die Menschen wussten, wie Polarlichter entstehen, beunruhigten sie die bunten Lichterscheinungen am Nachthimmel. Man sah darin einen Vorboten für drohendes Unheil. Verantwortlich dafür sind aber keine Dämonen oder Götter, vielmehr ist es die Sonne.

Ein grünes Polarlicht erhellt die Nacht.

Sie stößt elektrisch geladene Teilchen aus und schleudert sie als Sonnenwinde durch den Weltraum. Wenn der Teilchenstrom auf das Magnetfeld der Erde trifft, wird er zu den Polen gelenkt. Schließlich prallen die Teilchen in etwa 80 Kilometer Höhe auf die Moleküle und Atome der Lufthülle. Durch einen Energieaustausch beginnen diese farbig zu leuchten. In der Regel tritt das himmlische Lichtspiel in den Polarregionen auf und wird deshalb auch als Nord- und Südlicht bezeichnet.

Warum geht man im Toten Meer nicht unter?

Das Tote Meer ist eigentlich ein riesiger abflussloser See, der an Israel, Jordanien und das Westjordanland grenzt. Er ist der tiefstgelegene See der Erde, denn seine Wasseroberfläche liegt etwa 420 Meter unter dem Meeresspiegel. Der Salzgehalt des Toten Meeres ist mit circa 28 Prozent in etwa zehnmal so hoch wie der des Mittelmeers. Dadurch erhält das Wasser eine besondere Tragfähigkeit, sodass man sich auf das Meer legen kann, ohne unterzugehen.

Der Salzgehalt ist so hoch, weil durch die hohen Temperaturen jede Menge Wasser verdunstet. Das gelöste Salz bleibt im Meer zurück. Bis auf wenige Bakterien und Algen kann kein Lebewesen unter Wasser in dieser „salzigen" Umgebung leben.

Wie lang dauert die Polarnacht?

Die Erde dreht sich um sich selbst und um die Sonne. Außerdem steht die Erdachse leicht schräg. Dadurch kommt es zum Wechsel von Tag und Nacht sowie Sommer und Winter. Ist die Nordhalbkugel der Sonne abgeneigt, haben wir Winter. In Ländern, die auf der Südhalbkugel liegen, ist es dann Sommer. Ein halbes Jahr später ist die Situation umgekehrt.

Wenn wir Winter haben, können uns die Sonnenstrahlen schlechter erreichen. Bemerkbar macht sich das auch durch die Tage, an denen es schon früh dunkel wird. Je weiter man dann Richtung Norden reist, desto kürzer ist der Tag. In Skandinavien ist die Sonne im Winter immer nur für ganz wenige Stunden zu sehen. Innerhalb des nördlichen Polarkreises bleibt sie mehrere Tage lang sogar ganz unter dem Horizont. Diese dauerhafte Dunkelheit, Polarnacht genannt, dauert am Nord- und Südpol sechs Monate!

Verursachen unterirdische Wasseradern gefährliche Strahlen?

Manche Menschen behaupten, dass Wasseradern im Boden Strahlen aussenden, die unsere Gesundheit gefährden. Sie werden angeblich durch die Reibung des unterirdischen Wassers an Gesteinen erzeugt. Doch was ist dran an dieser Theorie?

Die Wissenschaftler widersprechen dieser Behauptung. Zahlreiche Bohrungen in Deutschland haben nämlich gezeigt, dass unser Grundwasser flächig vorkommt. Es bewegt sich auch nur langsam durch das Gestein. Das Erdreich ist also nicht von unzähligen Wasseradern durchzogen. Es gibt auch keinen wissenschaftlichen Nachweis dafür, dass ein unterirdischer Wasserlauf das Erdmagnetfeld stört.

WARUM SIND TSUNAMIS GEFÄHRLICH?

Wenn Erdbeben oder Vulkanausbrüche auf dem Meeresgrund stattfinden, bekommen wir Menschen an Land das nicht unbedingt mit. Trotzdem sind auch diese Naturereignisse unter Wasser manchmal eine Gefahr. Sie können nämlich einen Tsunami (japanisch: „Hafenwelle") auslösen.

Tsunamis sind riesige Meereswellen, die sich ringförmig ausbreiten. Sie erreichen Geschwindigkeiten von bis zu 800 Kilometer pro Stunde und sind damit in etwa so schnell wie ein Flugzeug. Im offenen Meer ist die Welle noch gar nicht so hoch, doch in flacheren Küstengewässern türmt sich das Wasser zu einer meterhohen Wand auf. Wenn der todbringende Tsunami dann die Küste überspült, reißt er alles mit sich.

Unterirdisches Wasser ruft keine Krankheiten hervor.

GEOGRAFIE UND NATUR

Warum sind Eisberge gefährlich?

Eisberge sind riesige, schwimmende Eisschollen, die meist aus Grönland oder der Antarktis stammen. Sie entstehen, wenn ein großes Endstück eines Gletschers oder des Inlandeises abbricht. Diese Eiskolosse bestehen wie Gletscher hauptsächlich aus Süßwasser und können so hoch wie Wolkenkratzer sein. Sie schwimmen im Meer, weil Eis leichter ist als flüssiges Wasser.

Nur etwa ein Zehntel des Eisbergs ist über der Wasseroberfläche sichtbar. Der größte Teil (circa 90 Prozent) liegt verborgen unter Wasser. Deshalb sind sie für Schiffe sehr gefährlich. Eine internationale Organisation überwacht daher die Meere. Eine besonders weite Strecke legte ein Eisberg zurück, der 1894 auf der Höhe der brasilianischen Stadt Rio de Janeiro entdeckt wurde.

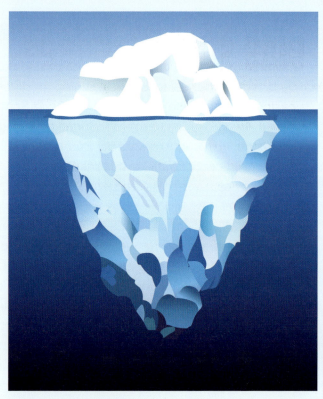

Man sieht nur die Spitze des Eisbergs.

Was hat Magma mit heissen Quellen zu tun?

Es gibt Quellen, aus denen Wasser sprudelt, das eine hohe Temperatur aufweist. Erreicht das Quellwasser mindestens 20 Grad Celsius, spricht man allgemein von einer Thermalquelle. Voraussetzung für die Entstehung solcher Quellen ist eine vulkanische Tätigkeit im Erdinneren.

Das Grundwasser wird dabei von sogenannten Magmakammern erhitzt. Eine Magmakammer oder ein Magmaherd ist ein mit geschmolzenem Gestein gefüllter Bereich in der Erdkruste. Wenn das Wasser schnell genug aufsteigen und aus der Erde austreten kann, ist es dementsprechend noch sehr heiß. Auch in Deutschland gibt es Thermalquellen, zum Beispiel in Aachen. Dort strömt aus mehr als 30 Quellen heißes Wasser, das Temperaturen von bis zu 74 Grad Celsius erreicht.

Wieso werden Vulkane beobachtet?

Wenn die Erde Feuer spuckt, ist das ein atemberaubendes Schauspiel. Vulkane entstehen, wenn die Erdkruste aufbricht und sich Risse bilden. Durch sie kann Magma, das ist geschmolzenes Gestein, aus dem heißen Erdinneren an die Oberfläche gelangen. Tritt Magma aus der Erde, wird es als Lava bezeichnet. Die Lava ist bis zu 1200 Grad Celsius heiß und strömt wie eine glühende Walze aus dem Vulkan.

Rund 500 Vulkane sind derzeit noch aktiv. Sie werden von Wissenschaftlern beobachtet. Das gilt besonders für Vulkane, die in der Nähe von bewohnten Gebieten liegen.

Was sind Geysire?

Geysire sind eine besondere Form der heißen Quellen. Aus einem Geysir schießt in regelmäßigen Abständen heißes Wasser in die Höhe, ähnlich wie bei einer Fontäne. Zu diesem Ausbruch kommt es, wenn das Wasser unterirdisch überhitzt wird.

In einem Eruptionskanal, das ist eine Art enger Schacht, wird das Wasser erhitzt. Je tiefer das Wasser reicht, desto höher ist seine Temperatur. Hat das Wasser 100 Grad Celsius erreicht, müsste es eigentlich zu sieden beginnen. Doch die darüberliegende Wassersäule übt einen starken Druck aus und verhindert dies. Es kommt zur Überhitzung. Dabei entsteht eine Dampfblase, die an die Oberfläche steigt. Sie ist der Auslöser dafür, dass Wasser und Dampf explosionsartig nach oben geschleudert werden.

Das Wasser schießt explosionsartig als meterhohe Fontäne aus der Erde.

Wie entsteht ein Erdbeben?

Um zu verstehen, warum die Erde manchmal bebt, muss man ihren Aufbau kennen. Ganz im Inneren hat die Erde einen festen Kern. Umschlossen wird der Kern vom Erdmantel. Die äußere und dünnste Schicht bildet die Erdkruste. Sie besteht aus mehreren Platten.

Diese Platten sind ständig in Bewegung. Sie stoßen beispielsweise zusammen oder reiben aneinander. Dadurch entstehen große Spannungen. Wenn der Druck zu groß wird, entladen sich die aufgestauten Spannungen ruckartig und lassen unsere Erde erbeben. Besonders häufig treten Erdbeben an der amerikanischen Pazifikküste, im Süden Europas und in Südostasien auf.

Wie entstehen Tropfsteine?

Stalaktiten in einer Tropfsteinhöhle

Tropfsteine faszinieren nicht nur durch ihre atemberaubende Schönheit, sondern auch durch ihr hohes Alter. Entstehen können die kleinen Kunstwerke, wenn in feuchten Höhlen kalkhaltiges Wasser von der Decke tropft. Durch Verdunstung lagert sich der Kalk ab, es kommt zur Tropfsteinbildung.

Stalaktiten heißen die Tropfsteine, die wie Eiszapfen von der Decke nach unten wachsen. Fällt der Wassertropfen zu Boden und wächst der Tropfstein dort langsam in die Höhe, spricht man von Stalagmiten. Der eben beschriebene Vorgang dauert aber sehr lange. Einige Tropfsteine vergrößern sich in 100 Jahren höchstens um einen Zentimeter.

GEOGRAFIE UND NATUR

GEOGRAFIE UND NATUR

Auf einen Blitz folgt oft ein Donnerschlag.

Warum kommt zuerst der Blitz und dann der Donner?

Auf einen Blitz folgt in der Regel ein Donnerschlag. Beide Vorgänge nehmen wir Menschen zeitlich versetzt wahr, eigentlich passieren sie aber gleichzeitig.

Wenn ein Blitz durch den Blitzkanal zur Erde schießt, entsteht eine gewaltige Hitze. Die aufgeheizte Luft dehnt sich rasend schnell aus. Dabei entstehen Schallwellen, der Donner. Er breitet sich mit Schallgeschwindigkeit aus, die 330 Meter pro Sekunde beträgt. Sie ist langsamer als die Lichtgeschwindigkeit, mit der ein Blitz durch die Luft schießt. Deshalb sehen wir zuerst den Blitz und hören dann das Grollen des Donners.

! Achtung!

Willst du wissen, wie weit ein Gewitter entfernt ist? So gehts: Der Donner legt in drei Sekunden einen Kilometer zurück. Zählt man die Sekunden zwischen Blitz und Donner und teilt diese Zahl durch drei, ergibt sich dadurch die Entfernung. Beispiel: Sechs Sekunden Abstand geteilt durch drei ergeben zwei Kilometer Entfernung.

Was ist ein Kugelblitz?

Jeder kennt den sogenannten Leitblitz, der sich auf seinem Zickzackkurs zur Erde immer weiter verästelt. Doch es gibt noch andere Arten von Blitzen. Ein wahres Rätsel gibt den Wissenschaftlern der Kugelblitz auf. Er ist rund wie ein kleiner Ball und kann sogar farbig leuchten.

Die Leuchtdauer von Kugelblitzen beträgt nur ein paar Sekunden – danach verschwinden sie einfach wieder oder explodieren mit einem Knall. Interessant ist, dass sich die leuchtende Kugel entweder rollend oder hüpfend in der Nähe der Erdoberfläche bewegt. Obwohl Augenzeugen immer wieder Kugelblitze gesehen haben, zweifelte die Wissenschaft lange daran, ob es sie überhaupt gibt. Doch inzwischen versuchen Experten zu erforschen, wodurch sie entstehen. Klar ist nur, dass Kugelblitze meist im Zusammenhang mit Gewittern auftreten.

Wie entstehen Blitze?

Blitze sind elektrische Entladungen, die sowohl zwischen Wolke und Erde als auch zwischen zwei Wolken stattfinden können. Sie entstehen, wenn sich in den mächtigen Gewitterwolken viel Wasser angesammelt hat.

Durch Winde kommt es in den Wolken zu Turbulenzen. Dabei wirbeln die Wolkenteilchen umher und laden sich unterschiedlich elektrisch auf – die Eiskristalle in den oberen Wolkenschichten überwiegend positiv, die Regentropfen weiter unten negativ. Irgendwann ist der Spannungsunterschied zu groß und es kommt zur Entladung in Form von Blitzen. Diese können bis zu 30.000 Grad Celsius erreichen.

Blitze sind ein beeindruckendes Naturschauspiel.

Welche Kraft hat ein Hurrikan?

Ein Hurrikan ist ein tropischer Wirbelsturm, der sich über dem Meer bildet. Wenn er auf das Land trifft, richtet er gewaltige Schäden an. Je nach seiner Stärke wird der Hurrikan in fünf Stufen eingeteilt. Erreicht er die höchste Stufe, reißt der Hurrikan alles mit sich: Häuser, Autos, Bäume und auch Menschen.

Der Name „Hurrikan" bedeutet „Gott des Windes".

Entstehen kann der Hurrikan, wenn warmer Wasserdunst nach oben steigt und in kühlere Luftschichten vordringt. An der Meeresoberfläche entsteht ein Unterdruck, weitere Luft aus der Umgebung wird angesaugt. Durch einen komplizierten physikalischen Mechanismus gerät die Luft in eine Drehbewegung. Solange sich der Hurrikan über dem Wasser bewegt, sammelt er Kraft. Erst wenn ihm an Land der Nachschub an feuchter warmer Luft ausgeht, wird er wieder schwächer.

Wie entstehen Lawinen?

Das Bild ist immer das gleiche: Schnee- und Eismassen stürzen rasant den Berghang hinunter und begraben alles unter sich, was ihren Weg kreuzt. Allerdings gibt es mehrere Arten von Lawinen, die auch unterschiedliche Auslöser haben.

Eine Lawine hat sich gelöst.

Die Lockerschneelawine geht zum Beispiel von einem Punkt aus, an dem sich ein klein wenig Schnee gelöst hat. Sie breitet sich wie ein Fächer aus und wird immer größer. Gefährlicher sind aber die Schneebrettlawinen. Sie entstehen, wenn die Neuschneedecke sich nicht mit der darunterliegenden Schneeschicht verbindet. Dann kann es passieren, dass sich eine große Schneefläche aus dem Hang herauslöst und ins Tal abrutscht

GEOGRAFIE UND NATUR

Was ist ein Blizzard?

Wenn ein eisiger Blizzard über Nordamerika hinwegfegt, kommt selbst das öffentliche Leben in Millionenstädten wie Boston oder Philadelphia zum Erliegen: Flughäfen werden geschlossen, Busse und Bahnen können nicht fahren und die Kinder haben schulfrei.

Als Blizzard bezeichnet man einen besonders starken Schneesturm. Entstehen können Blizzards an der Rückseite von Tiefdruckgebieten durch heftige Einbrüche von polarer Kaltluft. Der winterliche Sturm erreicht Windgeschwindigkeiten von bis zu 75 Kilometern pro Stunde und hat massenhaft Schnee im Gepäck. Da es an der amerikanischen Ostküste kein großes Gebirge gibt, das den Blizzard aufhalten könnte, fegt er manchmal weit in den Süden und kann dafür sorgen, dass es sogar im Sonnenstaat Florida schneit.

Wie entsteht Blitzeis?

Immer wieder verwandelt Blitzeis im Winter Straßen in spiegelglatte Rutschbahnen. Autofahrer, Radfahrer und Fußgänger müssen dann besonders aufpassen, denn es besteht eine hohe Unfallgefahr. Und nicht immer kann man die Gefahr sofort erkennen!

Blitzeis bildet sich, wenn Regentropfen auf einen gefrorenen Untergrund fallen. Die Luftschicht, in der die Regenwolke liegt, ist wärmer als die Luft direkt über dem Boden. Fällt ein Tropfen aus der Wolke, kühlt er sich auf seinem Weg nach unten ab.

Er kann dabei einen Wert unter null Grad erreichen, aber trotzdem noch flüssig bleiben. Trifft der unterkühlte Tropfen jedoch auf einen Frostboden, wird er sofort zu Eis. Deshalb sollte man draußen vorsichtig sein, wenn es an einem kalten Wintertag zu regnen beginnt.

Wie entstehen die Muster mitten im Feld?

Stammen Kornkreise von Außerirdischen?

Es gibt Getreidefelder, die wie verhext scheinen: Über Nacht bilden sich darin Muster in runder Form. Diese Kornkreise sind aus der Luft oder von einem Hügel aus hübsch anzusehen, doch keiner kann sicher erklären, wie sie entstehen. Besonders spannend daran ist: Die runden Flächen wurden erwiesenermaßen nicht niedergetrampelt, vielmehr weisen alle Halme eine gleichmäßige Krümmung auf.

Theorien über die Entstehung dieser besonderen Kunstwerke gibt es viele. Kam es vielleicht zu einer kurzen energetischen Erhitzung, die die Halme geknickt hat? Landete an dieser Stelle ein UFO? Weder noch! Geschickte Landschaftskünstler haben viele der Kreise mithilfe besonderer Gerätschaften ins Feld gezaubert.

Regen kann eine Straße im Winter schnell in eine glatte Rutschbahn verwandeln.

RÄTSEL

Ratespaß

Ein guter Geheimagent muss nicht nur körperlich fit sein, sondern auch geistig. Dabei helfen dir die folgenden Rätsel und Denkaufgaben.

Rätsel 1

Hauptkommissar Meier möchte sich ein paar außergewöhnliche Haustiere zulegen. Seine Wahl fällt auf Piranhas, Vogelspinnen und Brieftauben. Er möchte genau zehn Euro investieren und zehn Tiere dafür bekommen. Zwei Piranhas kosten einen Euro, eine Brieftaube ist für einen Euro zu haben und eine Vogelspinne kann man für zwei Euro erwerben. Von welchen Tieren kauft er wie viel? Es gibt drei verschiedene Lösungen.

Hilf Kommissar Meier!

Rätsel 2

Der Kaufhaus-Erpresser Dagobert schickte nach einer geplanten Geldübergabe folgende SMS an seine Frau: 943337 5346 4353! Kannst du den Zahlencode mithilfe einer Handytastatur knacken? Was hat der Ganove geschrieben?

Rätsel 3

Der Vater hat den Verdacht, dass seine Tochter nachts heimlich in ihrem Zimmer liest. Doch jedes Mal, wenn er ihre Zimmertür öffnet, ist die Nachttischlampe aus. Wie kann er seine Tochter trotzdem überführen?

Rätsel 4

Der Schmied in Graf Draculas Schloss hat sechs Kettenteile, die jeweils aus vier Ringen bestehen. Er möchte daraus eine lange Kette machen und dabei möglichst wenig Ringe öffnen. Wie viele Ringe muss er mindestens öffnen?

Verhilf Graf Draculas Schmied zu seiner Kette.

Rätsel 5

Der Nachtwächter des Picasso-Museums geht am Ende seiner Schicht zum Chef und sagt: „Sie sollten Sicherheitsvorkehrungen treffen. Ich habe letzte Nacht geträumt, dass zwei Bilder des spanischen Künstlers am helllichten Tage gestohlen werden." Noch bevor es Mittag wurde, bekam der Nachtwächter seine Kündigung. Warum?

Lösung 1: Er kauft vier Piranhas (zwei Euro), vier Brieftauben (vier Euro) und zwei Vogelspinnen (vier Euro). Oder er kauft zwei Piranhas (einen Euro), sieben Brieftauben (sieben Euro) und eine Vogelspinne (zwei Euro). Oder er kauft sechs Piranhas (drei Euro), eine Brieftaube (einen Euro) und drei Vogelspinnen (sechs Euro). Bei allen drei Lösungen kauft er zehn Tiere und gibt zehn Euro aus.

Lösung 2: Wieder kein Geld!

Lösung 3: Er fasst die Glühbirne der Nachttischlampe an. Wenn sie noch heiß ist, war die Lampe an.

Lösung 4: Vier. Der Schmied öffnet die vier Ringe eines Kettenteils. Mit ihnen verbindet er die übrigen fünf Teile.

Lösung 5: Er hatte nachts geschlafen. Seine Aufgabe als Nachtwächter ist es, das Museum zu bewachen.

Welche Entdeckung machte Darwin weltberühmt?

Der britische Naturforscher Charles Darwin (1809–1882) machte eine naturwissenschaftliche Entdeckung, die das damalige Weltbild entscheidend veränderte. Er erforschte unter anderem auf einer fünfjährigen Weltreise die unterschiedlichsten Pflanzen und Tiere. Darwin kam danach zu dem Ergebnis, dass die vielen verschiedenen Arten sich im Laufe von Jahrmillionen schrittweise entwickelt hatten.

Vorher glaubten die Menschen, dass die Erde mit ihren Lebewesen in sechs Tagen von Gott erschaffen worden war. Da seine Erkenntnis der Bibel und somit der Kirche widersprach, wurde er für einen Ketzer gehalten. Aber heute ist Darwins Evolutionstheorie von fast allen Menschen als richtig und wichtig anerkannt.

Tier und Mensch verstehen sich trotz unterschiedlicher Sprachen gut.

Welches ist das schnellste Tier?

Tiere werden in verschiedene Klassen eingeteilt. So gibt es zum Beispiel Säugetiere, Fische und Vögel. In jeder Klasse gibt es Rekordhalter hinsichtlich der Schnelligkeit, die man nicht unbedingt miteinander vergleichen kann. Die höchste Geschwindigkeit erreicht mit etwa 200 Kilometer in der Stunde der Wanderfalke bei seinem Sturzflug auf Beutetiere.

Bei den Fischen schwimmt der Indopazifische Fächerfisch mit 109 Kilometern in der Stunde ganz vorn. Der Gepard ist das schnellste Säugetier. Er schafft bis zu über 100 Kilometern in der Stunde, allerdings nur auf kurzen Strecken. Auf langen Strecken siegt die Gabelhornantilope mit bis zu 88 Kilometern in der Stunde.

Wie sprechen Tiere miteinander?

Viele Tierarten können sich untereinander verständigen. Allerdings sprechen sie nicht so wie Menschen, sondern benutzen Körpersprache und Laute. Dabei bedienen sich die verschiedenen Tierarten auch unterschiedlicher Sprachen. Wenn ein Hund beispielsweise mit dem Schwanz wedelt, was in seiner Sprache Freude bedeutet, fühlt sich die Katze davon bedroht.

Tatsächlich können intelligente Tiere aber auch eine Sprache lernen, die wir Menschen verstehen: die Gebärdensprache. So gibt es zum Beispiel eine Gorilladame, die Symbole der Gebärdensprache dazu nutzt, sich auszudrücken.

Warum starben die Dinosaurier aus?

Die Zeit der Dinosaurier begann vor 225 Millionen Jahren und endete vor 65 Millionen Jahren. Doch wie konnten so riesige und mächtige Tiere komplett aussterben? Es gibt mehrere Theorien. Zum einen könnte der Klimawechsel durch die Eiszeit dafür verantwortlich sein. Die Tiere fanden keine Nahrung mehr und starben.

Eine andere Theorie besagt, dass Säugetiere die Eier der Dinosaurier fraßen. Es könnte aber auch sein, dass ein Meteorit die Erde traf. Die dadurch verursachte riesige Staubwolke verdeckte die Sonne, wodurch viele Pflanzen und Tiere starben. Möglicherweise waren es aber auch Vulkanausbrüche, die die Sonne verdunkelten und vielen Tieren das Überleben unmöglich machten.

Wohin verschwanden die Mammuts?

Wollhaarmammuts lebten vor 200.000 Jahren während der letzten Eiszeit in Europa, Asien und Nordamerika. Vor etwa 3700 Jahren starben die letzten der bis zu drei Meter hohen Riesen aus. Es gibt heute verschiedene Meinungen dazu, warum dies geschah.

Einige Forscher vermuten, dass die Mammuts zu stark vom Menschen gejagt wurden. Dadurch standen sie unter großem Stress und pflanzten sich nicht mehr genügend fort. Andere sehen die Ursache für das Aussterben in dem Ende der Eiszeit. Die Mammuts konnten sich wohl dem veränderten Klima nicht anpassen.

Mammuts waren begehrte Jagdtiere der Menschen.

Wie finden Lawinenhunde verschüttete Menschen?

Das Geheimnis der Lawinenhunde ist lebenslanges Training. Der Rettungshundeführer beginnt schon mit dem wenige Monate alten Welpen zu üben. Anfangs versteckt er persönliche Gegenstände. Findet der Welpe sie, wird er mit Leckerli und Spielen belohnt. Im nächsten Schritt versteckt sich der Hundeführer selbst, später auch im Schnee.

Zum Schluss wird dieselbe Übung mit fremden Menschen durchgeführt. So lernt der Lawinenhund, seine feine Nase für die Menschen einzusetzen. Bestimmte Rassen sind besonders als Lawinenhunde geeignet, zum Beispiel Schäferhunde, Golden Retriever und Border Collies. Menschenfreundlichkeit und Intelligenz sind dabei die Voraussetzungen.

Lawinenhunde retten Leben.

Was ist ein Rattenkönig?

Einen König, der andere Ratten regiert, gibt es natürlich nicht. Der Begriff steht für viele Ratten, die an den Schwänzen zusammengewachsen sind. Lebend ist so ein Tierbündel noch nie gesehen worden. Es gibt allerdings einige Funde von toten Rattenkönigen.

Der bisher größte, mumifizierte Rattenkönig ist im Museum von Altenburg in Thüringen zu bestaunen. Er besteht aus 32 an den Schwänzen verknoteten Ratten, wobei von manchen Tieren auch die Hinterfüße in den Knoten einbezogen sind. Es ist allerdings nicht geklärt, wie und warum solche Rattenkönige entstanden sind. Sie galten lange Zeit als böses Omen für bevorstehende Krankheiten.

Können Wale singen?

Man spricht von Walgesängen, weil sich die Tiere mit Tönen mitteilen, die strophenartig angeordnet sind. Sie hören sich so ähnlich an wie der Gesang von Vögeln oder Menschen. Einzelne Laute dienen der Echoortung. Tonfolgen werden dafür benutzt, um sich untereinander zu verständigen.

Die Tiere erzeugen die Töne durch Luftströme im Kopf, die durch Stimmlippen gepresst werden. Bartenwale wie der Buckelwal erzeugen die Töne durch einen Kehlkopf. Wie das genau funktioniert, wurde noch nicht erforscht. Die männlichen Tiere singen meist zur Paarungszeit. Ihre Töne sind sehr tief und durch die gute Schallleitfähigkeit des Wassers Hunderte Kilometer weit zu hören.

Die Gesänge der Wale haben unterschiedliche Bedeutungen.

Ein Bär greift Menschen nur an, wenn er provoziert wird oder Angst bekommt.

Kann ein Bär einen Menschen töten?

Grizzlybären, die zur Familie der Braunbären gehören, sind die größten Bären der Welt. Männchen können bis zu 2,5 Meter groß und bis zu 300 Kilogramm schwer werden. Mit einem Biss oder einem Prankenhieb können sie einen Menschen töten.

Normalerweise meiden die Tiere Menschen. Gefahr besteht, wenn die Tiere überrascht werden, besonders wenn es sich um Weibchen handelt, die ihre Jungen beschützen wollen. Da immer mehr Menschen in den Lebensraum der Grizzlys eindringen, haben sie sich daran gewöhnt, deren Abfälle zu fressen und so die Nähe der Menschen zu suchen.

Trinken Vampirfledermäuse Menschenblut?

Wenn Vampirfledermäuse als gefährlich angesehen werden können, dann nicht, weil sie viel Blut saugen, sondern, weil sie Krankheiten wie Tollwut übertragen können. Die meisten Vampirfledermäuse sind in Südamerika zu Hause. Sie bewohnen zum Beispiel Bäume, Höhlen und verlassene Minen und ernähren sich vom Blut von Vögeln oder Säugetieren wie Rindern.

Vampirfledermäuse sind sehr klein, meist um die 6,5 bis 9,5 Zentimeter lang und wiegen bis zu 50 Gramm. Deshalb benötigen sie auch nur sehr wenig Blut. Pro Mahlzeit nehmen sie 20 bis 30 Milliliter Blut auf. Meist betäuben sie zuerst die Stelle auf der Haut des „Opfers", beißen dann mit ihren scharfen Eckzähnen ein Stück Haut heraus und lecken das Blut auf. Dabei können Krankheitserreger übertragen werden.

Nicht alle Fledermäuse trinken Blut.

Wie schlägt man einen Grizzly in die Flucht?

Grizzlys leben hauptsächlich in Alaska und im Westen und Norden Kanadas. Um zu vermeiden, dass sie angreifen, sollten Menschen im Grizzlygebiet ihre Abfälle in speziellen Tonnen entsorgen, die den Geruch des Mülls einschließen. Außerdem haben die Bären Angst vor Lärm und ziehen sich dann oft schnell zurück.

Wer von einem Bären angegriffen wird, sollte nicht weglaufen, sondern sich auf den Boden legen und zusammenrollen. Darüber hinaus gibt es spezielle Abwehrsprays, die die Bären in die Flucht schlagen.

Welches ist die giftigste Schlange der Welt?

Der Inlandtaipan ist ungefähr 50-mal giftiger als eine Indische Kobra und 650- bis 850-mal giftiger als eine Diamantklapperschlange. Er lebt in Australien in Wüstengebieten. Die Giftmenge, die bei einem Biss abgegeben wird, könnte über 100 Menschen, 250.000 Mäuse oder 150.000 Ratten töten.

Weil die Schlange aber so selten ist und nur zubeißt, wenn sie sich bedroht fühlt, sind keine tödlichen Bisse bei Menschen bekannt. Wenn man einer Schlange begegnet, sollte man sich ruhig verhalten und einen großen Bogen um sie machen.

Gibt es 40 Meter lange Monsterschlangen?

Riesenschlangen wie Boas und Pythons können sehr lang werden. Es gibt Menschen, die behaupten, sie hätten 15 Meter lange Exemplare beobachtet. Bewiesen ist das allerdings nicht. Anhand einer gefundenen, abgestreiften Haut einer Anakonda fand man heraus, dass sie im Höchstfall ungefähr neun Meter lang werden können.

Von Pythons ist bekannt, dass sie bis zu zehn Meter lang werden. Riesenschlangen ernähren sich von kleineren Wirbeltieren, die sie umschlingen, bis das Tier erstickt. Normalerweise sind sie keine Gefahr für Menschen, es sei denn, sie fühlen sich bedroht.

Pythons zählen zu den Riesenschlangen und können mehrere Meter lang werden.

? Schon gewusst?

Das Erdinnere besteht aus Eisen. Ein Teil davon ist flüssig, der andere fest. Das wärmere und damit leichtere Eisen steigt auf, während das kältere und schwerere Eisen absinkt. Dadurch entsteht ein sogenannter Geodynamo, der elektrische Ströme erzeugt, aus denen das Magnetfeld der Erde entsteht.

Zugvögel fliegen meist in bestimmten Formationen.

Wie finden Zugvögel ihr Ziel?

Jedes Jahr machen sich über 50 Millionen Zugvögel auf den Weg nach Süden, um ihre Winterquartiere anzufliegen. Dabei sind die Strecken und die Wege der Orientierung je nach Vogelart verschieden. Allen ist eine „innere Uhr" angeboren und sie lernen von ihren Artgenossen, woran sie sich orientieren können.

Da die Vögel meist lange Strecken ohne Nahrung zurücklegen, kommt es zu körperlichen Umstellungen, sodass sie zuvor einen Fettvorrat anlegen. Während sie unterwegs sind, richten sie sich nach Landschaften, Seen und Gebirgen. Sie nutzen auch Magnetfelder und den Stand der Sonne zur Orientierung. Den Streckenrekord hält die Küstenseeschwalbe: Sie fliegt jedes Jahr bis zu 40.000 Kilometer von einem Pol zum anderen.

Wer kümmert sich um Kuckuckskinder?

In der Natur gibt es die merkwürdigsten Überlebensstrategien. Eine außergewöhnliche Methode, seine Jungen aufzuziehen, hat der Kuckuck. Er kümmert sich nämlich nicht selbst um sie, sondern schiebt sie anderen Vögeln unter. Das Kuckucksweibchen legt sein Ei einfach in ein fremdes Nest. Dabei hat es die Natur so vorgesehen, dass das Kuckucksei so ähnlich aussieht wie die Eier des Wirtsvogels.

Sobald der kleine Kuckuck geschlüpft ist, wirft er die anderen Eier und Jungvögel aus dem Nest, damit er genug Nahrung bekommt. Meistens merken die Wirtsvögel nicht, dass sie nicht ihr eigenes Junges aufziehen.

Wie finden Brieftauben immer wieder nach Hause?

Forscher haben herausgefunden, dass Brieftauben eine Art natürlichen Kompass besitzen, mit dem sie das Magnetfeld der Erde zur Orientierung nutzen können. Sie verfügen über speziell ausgebildete Sinneszellen oben auf dem Schnabel, mit denen sie das Magnetfeld messen können. Wie genau das funktioniert, wird noch untersucht.

Früher, als es noch keine Telefone und kein Internet gab, setzte man wirklich Brieftauben ein, um Botschaften zu übermitteln. Heute werden Brieftauben nur noch für sportliche Wettbewerbe gezüchtet.

Früher übermittelten Brieftauben Botschaften.

Papageien gehören neben Rabenvögeln und Spechten zu den intelligentesten Vögeln.

Können Papageien wirklich sprechen?

Lange Zeit ging man davon aus, dass Papageien die Sprache der Menschen nur nachahmen. Doch neue Forschungen haben gezeigt, dass Papageien intelligent genug sind, um Worte bestimmten Gegenständen zuzuordnen.

Einige Forscher sind der Meinung, dass Papageien genauso schlau sind wie Schimpansen. Die gelehrigsten Papageien sind die sogenannten Amazonen, Aras aus Südamerika, der australische Kakadu und der Graupapagei.

GEOGRAFIE UND NATUR

GEOGRAFIE UND NATUR

Was passiert, wenn man in ein Aquarium mit Piranhas fasst?

Piranhas sind als sehr aggressive und blutrünstige Raubfische bekannt. In wenigen Minuten können sie zum Beispiel eine Kuh, die in einen See fällt, bis auf die Knochen abnagen. Doch wenn ein mutiger Mensch seinen Arm in ein Aquarium mit Piranhas hält, passiert überhaupt nichts. Bestenfalls versuchen die Piranhas, sich hinter der Bepflanzung zu verstecken.

Um den Beutetrieb der Raubfische auszulösen, muss das Opfer nämlich bluten, also schon verletzt sein. Denn dann löst sich der aggressivste Fisch vom Schwarm und geht zum Angriff über. Der Rest zieht mit und alle verfallen in eine Art Blutrausch.

Sind Bisse von Vogelspinnen für Menschen tödlich?

Viele Menschen finden Vogelspinnen gruselig. Sie können nämlich bis zu zwölf Zentimeter lang werden und 30 Zentimeter Umfang haben. Noch dazu sind sie sehr dunkel und der ganze Körper ist behaart. Jedoch ist der Biss einer Vogelspinne für Menschen oftmals nur so schmerzhaft wie ein Wespen- oder Bienenstich.

Gefährlich ist der Biss für Menschen nur, wenn er bei dem Gebissenen eine heftige allergische Reaktion hervorruft. Vogelspinnen ernähren sich meistens von Insekten wie Heuschrecken oder Schaben sowie von Echsen. Sie lauern ihren Opfern auf und überwältigen sie dann.

WER BEKOMMT BEI DEN SEEPFERDCHEN DIE BABYS?

Seepferdchen sind etwas ganz Besonderes: Obwohl sie einen Kopf haben, der an ein Pferd erinnert, und einen raupenähnlichen Körper, gehören sie doch zu den Fischen.

Und ob du es glaubst oder nicht: Bei Seepferdchen trägt das Männchen die Jungen aus. Beim Balztanz übergibt das Weibchen dem Männchen die Eier mittels eines bestimmten Organs. Es spritzt sie in eine Bauchtasche des Männchens. Dort werden sie mit einer Hülle umgeben, die sie mit Sauerstoff versorgt. Nach zwölf Tagen zieht sich das Männchen ins Seegras zurück und die Jungen schwimmen aus der Bauchtasche heraus.

Bei den Seepferdchen bekommen die Männchen die Jungen.

Sind Schwarze Witwen die giftigsten Spinnen?

Die Schwarze Witwe ist sehr klein: Die Weibchen werden nur bis zu 1,5 Zentimeter lang. Die Männchen sind noch kleiner. Ihren Namen trägt die Schwarze Witwe, weil sie oft das Männchen nach der Begattung auffrisst. In Europa lebt die Schwarze Witwe in Ländern rund um das Mittelmeer.

Ihr Biss ist zwar gefährlich, aber selten tödlich für Menschen. Die Spinnen beißen nur, wenn sie sich bedroht fühlen. Auf anderen Kontinenten gibt es noch viel giftigere Spinnen wie die australische Trichternetzspinne.

Eine Schwarze Witwe

Was ist eine Gottesanbeterin?

Die Gottesanbeterin gehört zu den sogenannten Fangschrecken und lebt auf verschiedenen Kontinenten. In Südeuropa und auch in Süddeutschland findet man die „Mantis religiosa", die bis zu sieben Zentimeter groß wird. Ihren Namen trägt die Gottesanbeterin, weil ihr Körper mit den nach oben zeigenden Vorderbeinen so aussieht, als bete sie.

Die Gottesanbeterin ist dafür berühmt, dass die Weibchen die Männchen auffressen. Das passiert aber nicht oft und geschieht nur, wenn das Weibchen nicht genug Beutetiere findet.

Eine Gottesanbeterin

Ist eine Milbe stärker als ein Elefant?

Nashörner können Lastwagen umwerfen und Elefanten Bäume ausreißen. Doch Kraft ist immer im Verhältnis zur Körpergröße zu bewerten. Deshalb gibt es auch verschiedene Klassen beim Gewichtheben: Es ist ein Unterschied, ob ein 70 Kilogramm schwerer Mensch 120 Kilogramm stemmt oder jemand, der selbst 120 Kilogramm wiegt.

Gemessen an ihrer Körpergröße von unter einem Millimeter ist eine blinde Hornmilbe, die nur ein zehntausendstel Gramm wiegt, das stärkste Tier. Forscher stellten fest, dass das Spinnentier fast das 1200-Fache seines eigenen Körpergewichts halten kann! Die Forscher berechneten die Kraft, mit der sie an der Milbe ziehen mussten, um sie trotz ihrer kräftigen Klauen vom Boden hochzuheben, und fanden so heraus, wie stark sie ist.

SUPERHIRN

Gedächtnis und Konzentration üben

Meisterdetektive dürfen niemals unkonzentriert sein und müssen ein gutes Gedächtnis haben!

Auf der Polizeiwache

Trainiere dein Gedächtnis, indem du dir einprägst, was in einer Polizeiwache innerhalb eines Tages alles passiert. Sämtliche Vorfälle sind in einer Tabelle aufgelistet. Du hast zehn Minuten Zeit, dir alle Details zu merken. Verdecke danach die rechte Tabellenspalte mit einem Blatt und versuche, das Geschehen auf der Polizeiwache wiederzugeben. An wie viele Vorfälle kannst du dich erinnern? Für jede Übereinstimmung gibt es einen Punkt. Mache diese Übung immer wieder, bis du mindestens 15 Punkte erreichst. Wichtig ist, dass du mit jedem Training ein bisschen besser wirst.

6 Uhr	Die Frühschicht beginnt.
7 Uhr	Ein älterer Herr kommt herein. Er war mit seinem Hund Gassi, der plötzlich weggelaufen ist.
8 Uhr	Vor dem Polizeihaus passiert ein Unfall. Ein blaues und ein grünes Auto prallen zusammen.
9 Uhr	Die Streife hat den Hund des älteren Herren auf einem Spielplatz eingefangen.
10 Uhr	Das neue Fahrrad einer Schülerin wurde gestohlen.
11 Uhr	Zwei Touristen betreten die Wache. Sie wollen wissen, wo das Rathaus ist.
12 Uhr	Die Polizisten haben Hunger. Zum Mittagessen gibt es ein paar Brote.
13 Uhr	Eine Frau ruft an. Sie fühlt sich gestört, denn ihr Nachbar hört zu laut Musik.
14 Uhr	Der nächste Besucher ist eine Dame. Sie hat im Park eine Tüte mit 10.000 Euro gefunden.
15 Uhr	Es ist wieder Schichtwechsel. Nun kommt die Spätschicht.
16 Uhr	Eine Straße weiter ist die Ampel ausgefallen. Ein paar Beamte müssen den Verkehr regeln.
17 Uhr	Die Streife greift einen Betrunkenen auf. Er hat vergessen, wo er wohnt.
18 Uhr	Am Telefon meldet sich ein Zirkusdirektor. Drei Lamas sind ihm bei der Fütterung entwischt.
19 Uhr	Die Beamten schreiben ihre Berichte.
20 Uhr	Der Besitzer einer Tankstelle kommt aufs Revier. Ein Kunde hat getankt, aber nicht bezahlt.
21 Uhr	Die Polizei rückt aus. Ein Baum ist umgestürzt und muss von der Straße entfernt werden.
22 Uhr	Die Nachtschicht ist da und kocht erst einmal Kaffee.

Kannst du dich an alle Vorfälle erinnern?

SUPERHIRN

Die Radionachrichten

Hast du dir schon einmal bewusst die Nachrichten im Radio angehört? Sie kommen jede halbe Stunde. Setze dich zu dieser Zeit vors Radio und schließe die Augen. Wichtig ist, dass dich niemand stört.

Verfolge die Nachrichten aufmerksam Meldung für Meldung. Präge dir gut ein, was der Sprecher sagt. Berichtet er vielleicht von einer Auslandsreise des amerikanischen Präsidenten? Ist ein berühmtes Gemälde aus einem Museum gestohlen worden? Oder heißt es im Wetterbericht, heute sei der wärmste Tag des Jahres?

Was für Nachrichten hast du gehört?

Versuche, dir so viel wie möglich zu merken. Wenn die Nachrichten zu Ende sind, schreibst du in kurzen Stichworten auf, was in deinem Gedächtnis hängen geblieben ist. Achte dabei auch auf die richtige Reihenfolge. Jede Meldung, an die du dich erinnern kannst, ist ein großer Erfolg!

Übrigens kannst du eine halbe Stunde später überprüfen, welche Berichte du vergessen hast. Die Nachrichten innerhalb von 30 Minuten unterscheiden sich nämlich kaum.

Du kannst aus dieser Übung auch einen Wettbewerb machen, indem du mit einem Freund gemeinsam den Nachrichten lauschst. Wer von euch kann sich mehr Meldungen merken?

Rechnen und Singen

Eine besondere Herausforderung für unseren Kopf ist es, wenn wir zwei Dinge auf einmal tun. Versuche, die Rechenaufgaben zu lösen, die unten aufgeführt sind. Eigentlich sind die Aufgaben nicht sehr schwierig. Aber kannst du auch rechnen, während du nebenbei ein Lied singst? Das ist nämlich gar nicht so leicht!

Hier deine Aufgabe: Singe das Lied „Hänschen klein" und löse gleichzeitig die Rechenaufgabe. Kinder unter zehn Jahre lösen die erste Zeile, ältere Kinder müssen alle Aufgaben bewältigen. Mit ein bisschen Übung sollte es euch gelingen, sämtliche Lösungen aufzuschreiben, bevor euer Lied zu Ende ist. Natürlich dürft ihr langsam singen, aber keine Pause machen.

2 + 4 =	5 – 3 =	7 + 2 =	4 + 3 =
5 + 3 =	8 – 4 =	9 – 6 =	4 + 4 =
5 + 6 =	12 – 7 =	9 + 5 =	3 + 10 =

Lösungen: Erste Reihe 6, 2, 9, 7
Zweite Reihe 8, 4, 3, 8
Dritte Reihe 11, 5, 14, 13

Welches Tier ist am giftigsten?

Die durchsichtige Australische Würfelqualle oder Seewespe ist nicht nur das giftigste Nesseltier, sondern wahrscheinlich das giftigste Lebewesen überhaupt. Ein Tier enthält genug Gift, um 60 Menschen zu töten. Im Vergleich dazu erscheint der Pfeilgiftfrosch, dessen Gift zehn Menschen töten könnte, beinahe „harmlos".

Solche auffälligen Schilder warnen Schwimmer unter anderem vor den Seewespen.

Diese Quallen wiegen bis zu sechs Kilogramm und besitzen bis zu 60 Fangarme. Jeder Fangarm trägt Millionen von winzigen, giftigen Nesselkapseln. Bei Berührung springen diese Kapseln auf und das Gift lähmt und tötet das Opfer innerhalb von vier Minuten.

Setzt sich ein Insekt auf die Blätter, schnappt die Venusfliegenfalle zu.

Kann man mit einem Auto durch einen Baum hindurchfahren?

Ja! In Kalifornien, USA, kann man zum Beispiel durch den „Chandelier Tree" (Kronleuchterbaum) fahren. Er gehört zu den Küstenmammutbäumen und ist 96 Meter hoch. 1930 wurde in den Baumstamm ein Tunnel gehauen, der fast zwei Meter breit und drei Meter hoch ist.

Mammutbäume sind wahre Rekordhalter, sie können etwa 3000 Jahre alt und über 100 Meter hoch werden. Durch ihre sehr dicke Rinde sind die Mammutbäume gegen Feuer geschützt. Das ist einer der Gründe, warum sie so alt werden.

Gibt es Pflanzen, die Fleisch fressen?

Auf der Erde leben über 1000 Pflanzenarten, die sich zum Beispiel von Mücken, Fliegen oder Spinnen ernähren. Einige können sogar kleine Nagetiere fangen. Aber warum brauchen diese Pflanzen Fleisch? Normalerweise leben Pflanzen mithilfe der sogenannten Fotosynthese, das heißt, sie wandeln mittels Licht und Wasser Nährstoffe aus dem Boden in Energie um. Doch dort, wo die fleischfressenden Pflanzen wachsen, zum Beispiel in Mooren, ist der Boden meist sehr arm an Nährstoffen. Diese beziehen sie dann über die tierische Nahrung.

Bei uns ist der „Sonnentau" heimisch. Er lockt Insekten mit glitzernden Tropfen auf seinen Blättern an. Dann schließt er das Tier ein und verdaut es.

Ziehen gefährliche Pflanzen Schwimmer in die Tiefe?

Immer wieder hört oder liest man davon, dass Menschen in Badeseen wegen gefährlicher Schlingpflanzen ertrunken sind. Doch woher kommen diese unheimlichen Gewächse? Meistens sind damit Algen gemeint, die auf dem Grund des Sees wachsen, sich manchmal losreißen und lose im Wasser schwimmen.

Manchmal kann es passieren, dass ein ahnungsloser Schwimmer erschrickt, wenn er etwas am Bein spürt. Dann fängt er an zu strampeln, verheddert sich in den Pflanzen und geht sogar eventuell unter.

Was passiert beim Schlafwandeln?

Menschen, die im Schlaf aufstehen und umherlaufen, ohne aufzuwachen, heißen Schlafwandler. Beim Schlafwandeln handelt es sich um eine Störung des Aufwachmechanismus. Dabei kann es passieren, dass Schlafwandler sich etwas zu essen machen, putzen oder sogar spazieren gehen. Diese nächtlichen Aktionen können von wenigen Minuten bis zu einer Stunde dauern.

Vor allem Jugendliche und Kinder marschieren nachts durch die Gegend, ohne aufzuwachen. Wahrscheinlich liegt das daran, dass ihr Gehirn noch nicht vollständig ausgereift ist. Bei Erwachsenen tritt diese Schlafstörung eher selten auf. Die Ursachen hierfür sind vermutlich bestimmte Medikamente, Stress oder unregelmäßige Schlafgewohnheiten. Gemein ist allen Schlafwandlern: Am nächsten Morgen können sie sich meist nicht mehr erinnern.

Was ist der sechste Sinn?

Wir riechen duftende Blumen, hören schöne Musik, schmecken leckeres Essen, sehen unsere Freunde und fühlen den Sand. Mit den fünf Sinnesorganen unseres Körpers, Nase, Ohr, Zunge, Auge und Haut, nehmen wir Reize unserer Umwelt wahr. Wir übersetzen sie in Nervenimpulse und geben diese ans Gehirn weiter. Dort werden sie verarbeitet.

Die Beschränkung auf nur fünf Sinne geht auf die antiken Gelehrten zurück. Wissenschaftler gehen heutzutage noch von weiteren Sinnen aus, zum Beispiel Schmerzempfinden oder Gleichgewichtssinn. Im Volksmund wird häufig vom „sechsten Sinn" gesprochen. Gemeint ist damit oft, dass man Gefahren und andere Ereignisse bereits ahnt, bevor sie einem bewusst werden oder eintreffen.

Ist der Mond für das Schlafwandeln verantwortlich?

GEOGRAFIE UND NATUR

Gibt es das absolute Gehör?

Hört man einen Ton und kann dessen Tonhöhe genau bestimmen, so hat man das absolute Gehör. Wie viele Menschen die Fähigkeit besitzen, ist schwer zu sagen. Forscher schätzen, dass in Europa etwa einer von 10.000 Menschen über diese Gabe verfügt. Bei Berufsmusikern kommt das jedoch viel häufiger vor: Einer von zehn hat diese Fähigkeit.

Welche Teile des Gehirns dafür verantwortlich sind, ist noch nicht ausreichend erforscht. Manche Forscher glauben, dass das absolute Gehör angeboren ist. Andere jedoch sind der Ansicht, dass diese Fähigkeit erlernbar ist. Doch in einem sind sich alle einig: Durch Übung kann jeder Mensch sein Hörvermögen verbessern.

Viele Musiker haben ein absolutes Gehör.

Schon gewusst?

Den berühmten Komponisten Johann Sebastian Bach, Wolfgang Amadeus Mozart und Frédéric Chopin wird das absolute Gehör nachgesagt. Bereits in früher Kindheit erhielten sie intensiven Musikunterricht, was diese Gabe gefördert haben könnte. Auch der Gitarrist und Sänger Jimi Hendrix soll diese Fähigkeit besessen haben.

Warum träumen wir nachts?

Auch wenn wir uns oft nicht daran erinnern können, träumen wir jede Nacht. Aber warum befinden wir uns nachts in einer anderen Welt, in der Tiere sprechen und Menschen fliegen können? Dafür gibt es keine eindeutige Antwort, aber verschiedene Theorien. Schon in der Antike gingen die Menschen dieser Frage nach. Damals glaubten sie, dass Träume Botschaften der Götter wären.

Der Arzt Sigmund Freud (1856–1939) stellte fest, dass in den Träumen der eigene Gefühlszustand, Probleme und Wünsche ausgedrückt werden. Im Wachzustand unterdrücken Menschen diese Gefühle, daher werden sie in Träumen zu Bildern. Neurobiologen kommen hingegen zu dem Ergebnis, dass das Gehirn durch Träume Informationen verarbeitet und sich von unwichtigen Lasten befreit.

Wir träumen jede Nacht und verarbeiten unterbewusste Gedanken und Gefühle.

Wie passt der lange Darm in den Körper?

Der Darm ist bei einem ausgewachsenen Menschen mit einer Gesamtlänge von ungefähr sechs Metern so lang wie eine riesige Schlange. Er windet sich in Schleifen im Bauch, sodass er trotz seiner Länge hineinpasst. Der Darm wird in zwei Abschnitte eingeteilt: Dünndarm und Dickdarm.

Der Dünndarm ist mit etwa vier Metern der längste Teil. In ihm wird der Nahrungsbrei in einzelne Bestandteile zerlegt. Die Nährstoffe gelangen dann über die Schleimhaut in die Blutbahn. Der Dickdarm hingegen trägt nicht mehr zur Verdauung bei. Durch ihn wird dem Nahrungsbrei Wasser entzogen und wieder an den Körper zurückgegeben.

Wie halten wir unser Gleichgewicht?

Damit wir, ohne umzukippen, auf zwei Beinen gehen und uns in Räumen orientieren können, haben wir den Gleichgewichtssinn. Das Organ, das unser Gleichgewicht lenkt, befindet sich im Innenohr: Es handelt sich dabei um die sogenannten Bogengänge, die mit einer Flüssigkeit gefüllt und mit hochempfindlichen Haarsinneszellen versehen sind.

Bewegen wir uns, reagieren die feinen Härchen und geben die Signale an den Hirnstamm weiter. Dort werden die Informationen von Augen, Muskeln, Gelenken und Sehnen hinzugefügt und gemeinsam verarbeitet. Bei Babys und Kleinkindern sind der Gleichgewichtssinn, die Muskeln und die Koordinationsfähigkeit noch nicht voll entwickelt. Es dauert daher seine Zeit, bis sie laufen können, ohne umzufallen.

Für den Tanz auf dem Seil braucht man einen sehr guten Gleichgewichtssinn.

Woraus besteht der menschliche Körper großteils?

Ein erwachsener Mensch besteht im Durchschnitt zu 60 bis 70 Prozent aus Wasser. Bei Babys ist der Anteil sogar noch größer – es sind zwischen 70 und 80 Prozent. Der größte Teil des Körperwassers, etwa zwei Drittel, befindet sich in den Zellen. Insbesondere das Blut, das Gehirn, das Muskelgewebe und die Haut bestehen hauptsächlich aus Wasser.

Da der menschliche Körper am Tag etwa 2,5 Liter Flüssigkeit ausscheidet, ist es wichtig, regelmäßig und ausreichend zu trinken, um alle Körperfunktionen aufrechtzuerhalten. Als ideale Durstlöscher eignen sich Wasser, Früchte- oder Kräutertees und verdünnte Säfte.

Gibt es Leben auf dem Mond?

Nein, denn auf dem Mond gibt es keine Luft zum Atmen und nur sehr wenig Wasser. Ohne Luft und Wasser kann jedoch kein Lebewesen existieren. Der Mond besteht aus Gestein, Eisen, Aluminium und Magnesium. Es herrschen Temperaturen von plus 120 bis minus 130 Grad Celsius! Und das nicht im Wechsel der Jahreszeiten, sondern von Tag und Nacht.

Alle Menschen, die bisher auf dem Mond waren, trugen spezielle Raumanzüge, die sie vor den unwirtlichen Bedingungen schützten. Es wird darüber nachgedacht, dort eine Raumstation zu errichten, ähnlich wie die Raumstation ISS.

Auf dem Mond ist kein Leben möglich.

Warum stehen drei Autos auf dem Mond?

Der teuerste Autofriedhof befindet sich rund 385.000 Kilometer weit von der Erde entfernt auf dem Mond. Dort parken zwar nur drei Fahrzeuge, doch sie haben einen Wert von ungefähr 40 Millionen Dollar, das sind umgerechnet etwa 26 Millionen Euro! Gebaut wurden die Mondautos natürlich auf der Erde. 1971 gelangte das erste „Lunar Roving Vehicle" zusammengefaltet mit der Apollo-15-Mission in den Weltraum.

Das Fahrzeug sollte den Astronauten ermöglichen, eine längere Strecke auf dem Mond zurückzulegen. Es fuhr zwar nicht einmal 30 Kilometer, doch das war ausreichend für die Forschungszwecke. Da ein Rücktransport zur Erde nicht vorgesehen war, blieb das Auto auf dem Mond. Dort steht es noch immer mit zwei weiteren Artgenossen, die bei zwei Missionen ein Jahr später auf dem Mond landeten.

Gibt es UFOs?

Ja, denn der Begriff bedeutet einfach nur „unidentified flying object", auf Deutsch unbekanntes Flugobjekt. Das kann also auch ein Ballon sein, der von den Beobachtern nicht als solcher erkannt wird. Tatsache ist, dass auf vielen Fotografien, die angeblich UFOs abbilden, bei näherer Untersuchung Ballons, Flugzeuge oder Meteoriten abgelichtet sind.

UFOs, mit denen außerirdische, intelligente Wesen auf die Erde kommen, gab es bisher nicht. Es besteht zwar theoretisch die Möglichkeit, dass Leben im Weltall existiert, aber es wurden noch keine Hinweise darauf gefunden.

Es gibt keine UFOs, mit denen Außerirdische auf die Erde fliegen.

Gibt es wirklich Außerirdische?

Die „kleinen grünen Männchen", die wir aus Filmen und dem Fernsehen kennen, hat noch niemand gesehen. Wenn Wissenschaftler von „außerirdischem Leben" sprechen, meinen sie damit vor allem Bakterien und andere kleine Organismen. So wird zum Beispiel vermutet, dass auf dem Jupitermond Europa unter einer dicken Eisschicht möglicherweise ein 100 Kilometer tiefer Ozean liegt, in dem vielleicht Bakterien und Algen leben.

Andere Forscher versuchen schon seit vielen Jahren, mit riesigen Radioteleskopen Signale von Außerirdischen aufzufangen – bisher jedoch ohne Erfolg.

Gibt es kleine grüne Männchen?

Was ist die Area 51?

Das Wort „Area" ist englisch und bedeutet Gebiet. Der Begriff Area 51 steht für ein militärisches Sperrgebiet in Nevada, USA, in dem sich eine lange von der Regierung geheim gehaltene Forschungsanlage befindet. Dort werden neue spezielle Flugzeuge getestet.

Da diese Tests allerdings immer der strengsten Geheimhaltung unterliegen, hielten schon viele Menschen die Flugzeuge fälschlicherweise für UFOs. Bald rankten sich zahlreiche Verschwörungstheorien um die Area 51. So soll zum Beispiel das Militär auf diesem Gelände Experimente mit Außerirdischen durchführen.

Die Area 51 wird streng bewacht.

Warum leuchten die Sterne?

Bei klarem Wetter sieht man nachts viele glitzernde Punkte am Himmel, die Sterne. Lange war es ein Geheimnis, warum sie leuchten. Sie bestehen aus heißem Gas, das an der Oberfläche Temperaturen von bis zu 50.000 Grad Celsius erreichen kann und dabei Licht ausstrahlt. Je größer ein Stern ist, desto heller leuchtet er. Das bedeutet aber nicht, dass die Sonne ein besonders großer Stern ist, sie ist nur der Erde am nächsten.

Die meisten Sterne erstrahlen auf den ersten Blick weißlich, doch wenn man ein Fernglas oder -rohr benutzt, ist manchmal auch ein bläuliches oder orangefarbenes Leuchten zu erkennen. Dafür sind die unterschiedlichen Temperaturen verantwortlich.

WISSENSCHAFT UND TECHNIK

Was sind schwarze Löcher?

Schwarze Löcher sieht man in echt nicht, doch sie verschlingen alles.

In vielen spannenden Science-Fiction-Filmen ziehen schwarze Löcher im Universum Raumschiffe, Sterne und Meteore an und verschlingen sie. Doch schwarze Löcher sind eigentlich gar keine Löcher, sondern Überreste toter Sterne. Diese bleiben nach einer Supernova zurück. Was aus so einem Rest entsteht, hängt auch immer davon ab, welche Größe der Stern hatte.

Nur riesige Sterne werden nach der Supernova unglaublich stark zusammengepresst. Dann ist ihre Anziehungskraft so groß, dass nicht einmal mehr das Licht entkommen kann. Was in den Löchern vor sich geht, steht immer noch außerhalb unserer Kenntnis. Ein schwarzes Loch ist nicht sichtbar, doch Forscher konnten beobachten, wie Gesteinsbrocken verschlungen wurden.

? Schon gewusst?

Das Universum ist so etwas wie ein riesengroßer Hefeteig, in dem alle Galaxien und deren Sterne und Planeten enthalten sind. Ob es mehrere Universen gibt, ist noch nicht bewiesen. Das deutsche Wort für Universum lautet Weltall. Welche Form es genau hat, ist noch nicht erforscht.

Was ist eine Supernova?

Eine Supernova entsteht, wenn ein Stern explodiert. Das passiert, wenn er seine gesamte Energie verbraucht hat. Dann dehnt er sich zuerst aus und stürzt daraufhin in sich zusammen.

Durch diese enorme Explosion wird der Stern in Stücke gerissen und die Planeten, die ihn umkreisen, werden ins All geschleudert. Wenn ein Stern auf diese Weise „stirbt", ist das wochenlang zu sehen. Er leuchtet dann so hell wie die gesamte Milchstraße mit all ihren Sternen. Auch unsere Sonne wird so enden. Aber keine Angst, das geschieht erst in mehreren Millionen Jahren.

Wenn ein Stern explodiert, entsteht eine Supernova.

Woraus besteht die Milchstraße?

Die Milchstraße besteht natürlich nicht aus Milch.

In früheren Zeiten dachten die Menschen wirklich, dass das milchig weiße Band, das sie vor allem am klaren Sommer- und Herbsthimmel beobachten konnten, aus Milch wäre. Doch heute wissen wir, dass es viele Millionen schwach leuchtender Sterne sind, die in einem lockeren Band angeordnet sind.

Unser Sonnensystem ist Teil der Milchstraße. Würde man diese von außen betrachten, wäre allerdings kein Band zu sehen, sondern eine Art Spirale. Dieses Sternengebilde nennt man auch Galaxie. Die Milchstraße ist riesig: Von einem Ende zum anderen braucht ein Lichtstrahl 100.000 Jahre. Außer der Milchstraße gibt es noch Milliarden anderer Galaxien im Universum.

Kann die Erde von Meteoriten getroffen werden?

Im Januar 2009 sahen viele Menschen in Norddeutschland einen Feuerball am Himmel und hörten Donnergrollen. Viele glaubten, ein UFO zu sehen. Doch Wissenschaftler sind der Meinung, dass es ein Meteorit war, ein Gesteinsbrocken aus dem All.

Diese Brocken entstehen aus sogenannten Meteoren, die zwischen Planeten umherrasen. Wenn sie zusammenstoßen, spalten sich sehr häufig Bruchstücke ab, die ins Sonnensystem fliegen und eventuell auf die Erde treffen. Der Meteorit, der mit der Erde zusammenprallt, rast mit großer Geschwindigkeit durch die Lufthülle. Aufgrund der Reibung entsteht eine große Hitze: Wir sehen eine Sternschnuppe. Ist der Brocken groß genug, schlägt er sogar auf der Erde ein und hinterlässt einen Krater.

Meteoriten treffen auf die Erde.

? Schon gewusst?

Meteore rasen millionenfach im Universum herum und stoßen oft zusammen. Die Bruchstücke heißen, wenn sie die Erdatmosphäre durchqueren und den Erdboden erreichen, Meteoriten.

WISSENSCHAFT UND TECHNIK

EXPERIMENTE

Forschen macht Spaß

Experimentieren ist spannend und du kommst spielerisch geheimen oder unsichtbaren Vorgängen aus dem Alltag auf die Spur. Teste selbst, was passiert, wenn du die Anleitungen befolgst, und lies dir dann die Erklärung durch.

Das magische Rohr

Du benötigst
- einen Plastikschlauch (ungefähr zwei Meter lang)
- zwei Trichter
- ein Stück Holz oder einen Stock
- einen Helfer
- Klebeband

Und so gehts:
Befestige je einen Trichter an einem Ende des Plastikschlauchs mit Klebeband. Halte beide Trichter an deine Ohren. Bitte deinen Helfer, mit dem Stock auf verschiedene Stellen des Schlauches zu klopfen. Du kannst genau hören, ob der Ton von links oder rechts kommt. Wenn dein Helfer genau die Mitte schlägt, hörst du den Ton von beiden Seiten.

Das steckt dahinter:
Hinter diesem Experiment steckt das Prinzip des Stereohörens. Das, was wir hören, ist die Schallausbreitung: Sie benötigt eine bestimmte Zeit: 343 Meter pro Sekunde legt der Schall in der Luft bei einer Temperatur von 20 Grad Celsius zurück. Das Gehör erkennt sehr kleine Zeitunterschiede. Trifft ein Schallereignis etwas früher am linken als am rechten Ohr ein, so wird es links wahrgenommen.

Die Cola-Fontäne

Du benötigst
- eine große Flasche Cola light
- Kaubonbons (zum Beispiel Mentos®)

Achtung: Führe dieses Experiment am besten draußen oder in der Badewanne durch!

Und so gehts:
Öffne die Flasche Cola light und wirf schnell hintereinander mehrere Kaubonbons hinein. Am besten suchst du jetzt schnell Deckung. Schon zischt eine riesige Fontäne aus der Flasche.

Das steckt dahinter:
In Cola light ist sehr viel Kohlenstoffdioxid-Gas (CO_2) gelöst. Ein Teil des Gases steigt langsam aus der Lösung auf. Die Oberfläche der Bonbons hat winzige Mulden. Daran lagert sich CO_2 an und schließt sich zu immer größeren Blasen zusammen, die sich ablösen und aufsteigen. Durch diese Bewegung in der Cola wird noch mehr CO_2 freigesetzt, das zum dünnen Flaschenhals aufsteigt. Dort baut sich hoher Druck auf. Das passiert so schnell, dass das Gas die Flüssigkeit mit sich hochreißt.

Für dieses Experiment benötigst du unter anderem einen langen Plastikschlauch.

Bring die Cola zum Schäumen!

Ab in den Weltraum!

Wie kann eine Rakete fliegen?

Schon immer träumte der Mensch davon, ins All zu fliegen. Lange Zeit war das nicht möglich. Doch seit der Erfindung des Raketenantriebs hat sich das geändert. Aber wie funktioniert dieser für Laien geheimnisvolle Antrieb eigentlich?

Der Raketenantrieb ist so kräftig, dass ein Flugkörper die Anziehungskraft der Erde überwinden kann. Er ist eine Form des Rückstoßantriebs. Dabei wird die Rakete mit der gleichen Kraft nach vorn getrieben, mit der sie ihre Abgase nach hinten schleudert. Als Antriebsstoff dient ein bestimmtes Gas, das überhitzt wird. Die gesamte Menge muss mit an Bord der Rakete genommen werden. Den ersten Raketenantrieb beschrieb der russische Raumfahrtpionier Konstantin Ziolkowski (1857–1935) in der sogenannten Raketengrundgleichung.

Kann ich Astronaut werden?

Um als Astronaut in einem Raumschiff in den Weltraum fliegen zu können, brauchst du keine Superkräfte. Doch ein starker Wille und Durchhaltevermögen sind gefragt. Bevor die eigentliche Astronautenausbildung beginnt, musst du ein naturwissenschaftliches oder technisches Fach studieren und einige Jahre in der Forschung arbeiten.

Die meisten Astronauten beginnen im Alter zwischen 27 und 37 Jahren. Viele lassen sich zusätzlich zum Piloten ausbilden. Wichtig ist auch eine hervorragende Gesundheit, denn die Ausbildung ist sehr anstrengend. Gutes Englisch und Teamfähigkeit sind ebenfalls Voraussetzung.

? Schon gewusst?

Sicher hast du schon von Weltraumtouristen gehört. Bisher sind jedoch erst wenige Menschen als Touristen ins All gereist. Dabei flogen sie mit einem Raumschiff zur bemannten Raumstation ISS – und bezahlten dafür jeweils ungefähr 20 Millionen US-Dollar, das sind umgerechnet etwa 13 Millionen Euro. Im Jahr 2011 soll das erste private Raumschiff an den Start gehen.

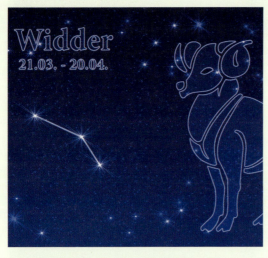

Jedes Sternzeichen hat sein eigenes Sternbild.

Wer gab den Sternbildern ihre Namen?

Obwohl es für uns so aussieht, als stünden die Sterne am Himmel still, bewegen sie sich. Schon die alten Kulturen wie die Ägypter, Griechen und Römer erkannten das. Sie beobachteten die Sterne, zogen im Geiste Linien zwischen ihnen und gaben den neu entstandenen Sternbildern Namen.

So kann man das Sternbild des Skorpions oder des Krebses gut erkennen. Ein anderes Beispiel ist der Große Bär, auch Großer Wagen genannt: Er sieht aus wie ein Handwagen mit einer Deichsel. Mittlerweile gelten übrigens 88 Sternbilder als offiziell anerkannt.

Wie leben Astronauten auf einer Raumstation?

Seit 1998 bauen verschiedene Raumfahrtorganisationen, unter anderem auch die ESA (European Space Agency), an der Internationalen Raumstation ISS (International Space Station). Sie kreist im Abstand von 350 Kilometern um die Erde.

Die Besatzung der ISS hat ein sehr anstrengendes Arbeitsleben. Der zwölf Stunden lange Arbeitstag beginnt mit einem gemeinsamen Frühstück der Besatzung, bei dem mit der Missionskontrolle die Aufgaben besprochen werden. Viel Zeit nimmt die Wartung, Reinigung und Reparatur der Station ein. Zwei Stunden täglich sind für Sport eingeplant. Weil die Schwerkraft in der Station fehlt, müssen die Muskeln besonders trainiert werden. Vorbereitung und Durchführung von Forschungsexperimenten stehen ebenso auf dem Programm wie Weltraumspaziergänge.

Die Raumstation ISS

Wozu dient ein Raumschiff?

Raumschiffe, auch Raumfahrzeuge genannt, transportieren Material oder Astronauten in den Weltraum. Sie werden durch Raketentriebwerke angetrieben. Ein Raumschiff, das eine Raumstation mit Material versorgt, ist immer unbemannt und wird Raumtransporter genannt. Es befinden sich also keine Astronauten an Bord, sondern es wird automatisch und wie von Geisterhand gesteuert.

Die meisten anderen Raumschiffe haben Landekapseln, mit denen die Besatzung zur Erde zurückkehrt. Sie sind technisch nicht so aufwendig wie wiederverwendbare Raumfähren, zum Beispiel die US-amerikanischen Spaceshuttles, aber nur einmal zu benutzen.

War Einstein ein Spion?

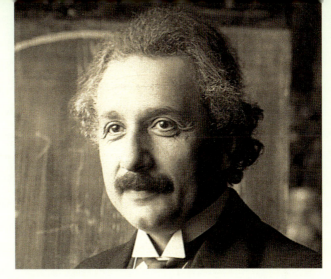

Der berühmte Physiker Albert Einstein

Der in Ulm geborene Physiker Albert Einstein (1879–1955) gilt als einer der größten Wissenschaftler der Neuzeit. Er begründete 1905 die Relativitätstheorie, die in der Formel $E = mc^2$ Ausdruck findet. Diese mathematische Gleichung besagt, dass sich Masse in wahnsinnig hohe Energiemengen umwandeln kann. Dem Nobelpreisträger gelang damit eine neue Vorstellung von Raum, Zeit, Materie und Energie.

Im Jahr 1933 zog er in die USA. Dort führte er seine Lehren und Forschungen fort. Die letzten fünf Jahre bis zu seinem Tod 1955 wurde der Physiker vom FBI bespitzelt. Man verdächtigte ihn der Mithilfe zur Spionage. Es wurden jedoch keinerlei Beweise dafür gefunden.

Welchem Geheimnis kam Niels Bohr auf die Spur?

Kaum zu glauben, dass alles, was sich um uns herum befindet, aus kleinsten Teilchen, den sogenannten Atomen, besteht. Doch aus was bestehen wiederum Atome? Der dänische Physiker Niels Bohr (1885–1962) kam diesem Geheimnis auf die Spur. 1913 entdeckte der Nobelpreisträger, dass jedes Atom in seinem Zentrum einen Kern besitzt.

Um diesen Atomkern kreisen auf festgelegten Bahnen kleine Teilchen, die Elektronen. Der Kern ist dabei positiv, die Elektronen sind negativ geladen. Der positive Kern zieht die negativen Elektronen an und sorgt somit dafür, dass sie sich auf einer festen Bahn bewegen. Zu Ehren von Bohr wurde 1994 ein chemisches Element nach ihm benannt: das Bohrium.

Welche gefährliche Entdeckung machte Otto Hahn?

Der Chemiker Otto Hahn (1879–1968) schaffte es 1938 erstmalig, einen Atomkern zu spalten. Damit war die Kernspaltung entdeckt. Durch diesen Vorgang werden große Mengen an Energie freigesetzt. Hahns Forschungen, für die er 1944 den Chemienobelpreis erhielt, gelten als die Grundlage für die Nutzung von Kernenergie.

Seine Entdeckung war außerdem Voraussetzung für die Herstellung von Atomwaffen. 1945 zündeten die USA die ersten beiden Atombomben über den japanischen Städten Hiroshima und Nagasaki. Dadurch und an den Folgen starben einige Hunderttausend Menschen. Otto Hahn setzte sich deshalb für den Rest seines Lebens als Gegner atomarer Waffen ein.

Eine Atombombe zerstörte Nagasaki 1945.

Was stand in Alfred Nobels Testament?

Die Erfindung des Dynamits machte den schwedischen Wissenschaftler Alfred Nobel (1833–1896) zu einem sehr wohlhabenden Mann. Da der Bedarf an diesem wirksamen Sprengstoff auch im Ausland groß war, errichtete er insgesamt über 90 Dynamitfabriken in verschiedenen Ländern.

1895 setzte der Chemiker sein Testament auf. Da er keine Kinder hatte, legte er fest, dass Personen, die der Menschheit größten Nutzen durch eine wissenschaftliche Entdeckung brachten, einen Preis bekommen. Diese Auszeichnung sollte aus seinem Nachlass bezahlt werden. Seit 1901 findet jährlich am 10. Dezember, Nobels Todestag, die Nobelpreisverleihung in Physik, Medizin, Chemie, Literatur, Wirtschaftswissenschaft und für Frieden statt.

Der Nobelpreis wird jährlich verliehen.

Warum musste Archimedes sterben?

Viele Mathematik- und Physikaufgaben könnten wir heute nicht ohne die Entdeckungen von Archimedes (um 287–212 vor Christus) lösen. Der griechische Mathematiker, Physiker und Ingenieur aus Syrakus (heute in Italien) erforschte die Berechnung von Flächen und Körpern und entdeckte den Schwerpunkt sowie das Hebelgesetz. Während er in der Badewanne lag, soll er das archimedische Prinzip erkannt haben. Das ist ein Gesetz vom Auftrieb fester Körper in Flüssigkeiten.

Sein Leben endete einer Legende nach tragisch: Als ein Soldat den Wissenschaftler beim Malen von Kreisen störte, beschwerte er sich mit den Worten: „Störe meine Kreise nicht." Daraufhin soll er von dem Krieger getötet worden sein.

Archimedes grübelnd bei der Arbeit

? Schon gewusst?

Die Polin Marie Curie (1867–1934) bekam 1903 als erste Frau einen Nobelpreis in Physik für die Entdeckung des Elements Radium. Unglaublich, aber wahr: Im Jahr 1911 erhielt Marie Curie einen zweiten Nobelpreis, dieses Mal in Chemie.

Wie entkam Galileo Galilei dem Tod?

Der Italiener Galileo Galilei (1564–1642) machte mehrere Entdeckungen im Bereich der Naturwissenschaften. Er interessierte sich insbesondere für die Astronomie. Dabei stellte er wie Nikolaus Kopernikus (1473–1543) einige Jahre zuvor fest, dass sich die Erde um die Sonne dreht und somit die Sonne der Mittelpunkt des Planetensystems ist.

Dadurch zog Galilei den Unmut der katholischen Kirche auf sich, die darauf beharrte, dass die Erde der Mittelpunkt sei. 1633 kam es deswegen zu einem Prozess gegen den Wissenschaftler, er wurde wegen Ketzerei angeklagt. Um dem Tod zu entkommen, widerrief Galilei seine Aussagen. Trotzdem stand er bis zu seinem Tode unter Hausarrest.

Warum besteht das Leben des Pythagoras aus Geheimnissen?

Der griechische Philosoph und Mathematiker Pythagoras (um 570 – nach 510 vor Christus) zählt zu den geheimnisvollsten Wissenschaftlern der Antike. Um sein Leben und Werk ranken sich viele Legenden. Es sind keine Schriften von ihm überliefert und die Quellen über sein Schaffen entstanden erst 500 Jahre nach seinem Tod. Laut diesen verbrachte Pythagoras vermutlich einige Zeit in Ägypten und Babylon, bis er um 530 vor Christus nach Kroton (im heutigen Italien) auswanderte.

Der griechische Philosoph Pythagoras

Dort gründete er den Bund der Pythagoräer. Diese beschäftigten sich mit Geometrie, Astronomie, Philosophie und Musik. Nach dem griechischen Forscher ist auch der bekannte Satz des Pythagoras benannt, der die Seitenlängen eines rechtwinkligen Dreiecks bestimmt.

Was findet sich auf Leonardo da Vincis Skizzen?

Leonardo da Vinci war ein Genie.

Nicht nur auf dem Gebiet der Malerei gilt Leonardo da Vinci (1452–1519) als Genie, sondern auch als Wissenschaftler. Er beschäftigte sich Zeit seines Lebens mit Mathematik, Architektur, Mechanik und der Anatomie des menschlichen Körpers. Da Vincis Aufzeichnungen geben Aufschluss über seine bahnbrechenden Erkenntnisse.

Er skizzierte Fluggeräte, die heutigen Hubschraubern ähneln, sowie Vorläufer von Fallschirmen. Außerdem entwickelte er zahlreiche Kriegsmaschinen. Manche seiner Zeichnungen für Brücken und andere Bauwerke wurden in der Gegenwart erfolgreich nachgebaut. Der Universalwissenschaftler schrieb seine Studien in Spiegelschrift, vermutlich, weil er Linkshänder war. Oder er wollte seine Schriften verschleiern und geheim halten.

WISSENSCHAFT UND TECHNIK

TOP SECRET — BASTELSPASS

Bastelanleitungen

Willst du eine geheime Botschaft übermitteln, einen Schnüffler enttarnen, eine Brücke ohne Nägel und Schrauben bauen oder eine Rakete in die Luft fliegen lassen? Hier findest du die passenden Anleitungen. Viel Spaß dabei!

Eine Falle, die Schnüffler entlarvt

Mithilfe dieser Falle kannst du feststellen, ob jemand den Schrank geöffnet hat, in dem du deine geheimen Unterlagen aufbewahrst. Dafür benötigst du eine leere Streichholzschachtel, Klebeband, einen etwa zehn bis 15 Zentimeter langen Faden sowie getrocknete Erbsen oder Linsen.

Fülle die getrockneten Hülsenfrüchte in die kleine Schublade der Streichholzschachtel und schließe sie wieder. Befestige die Schachtel oben auf dem Schrank mit Klebeband, sodass die Schublade, in der sich die Erbsen befinden, nach vorn und mit der Öffnung nach unten zeigt. Klebe ein Fadenende an die vordere Seite der Schublade, das andere Ende oben an die Innenseite der Schranktür. Öffnet jemand die Tür, wird die Schublade herausgezogen und die Erbsen fallen auf den Boden. Mit diesem Trick hast du den Schnüffler überführt.

Für die Schnüfflerfalle benötigst du Erbsen.

Dosentelefon

Zwei gereinigte und einseitig offene Konservenbüchsen ohne scharfe Kanten, eine Kordel und einen Dosenöffner – mehr brauchst du nicht, um ein Telefon zu basteln.

Mit dem Dosenöffner bohrst du ganz vorsichtig in den Boden der Büchsen ein Loch. Das eine Ende der Kordel steckst du durch das Loch in die Dose und verknotest es. Mit dem anderen Kordelende verfährst du bei der zweiten Dose genauso.

Nun hältst du eine Dose und dein Gesprächspartner hält die andere Dose in der Hand. Es ist wichtig, dass die Kordel straff gespannt ist. Jetzt kann es losgehen: Einer spricht in die Dose, der andere hält das Gegenstück ans Ohr. Die Nachrichten werden als Schallwelle von der einen zur anderen Dose durch die Kordel übertragen.

Ein Dosentelefon ist schnell gebaut!

Eine Rakete

Der Bau von echten Raketen ist eigentlich eine komplizierte Wissenschaft. Doch eine einfache Rakete kannst du dir ohne viel Mühe aus einer Plastikflasche mit Wasser, einem Strohhalm, einem Klebeband, einem Korken, einer Fußballpumpe mit Nadel und einem festen Band selbst konstruieren! Gehe dazu aber unbedingt ins Freie und bitte einen Erwachsenen, dich dabei zu unterstützen.

Und so gehts: Nimm die Fußballpumpe und stecke deren Nadel durch den Korken, der auf die Flasche passt. Anschließend füllst du etwas Wasser in die Flasche und steckst den Korken fest auf den Behälter.

Klebe dann den Strohhalm mit Klebeband an der Plastikflasche fest, von unten nach oben und ungefähr in der Mitte der Flasche. Ziehe dann das Band

BASTELSPASS

durch den Strohhalm. Das eine Ende bindest du an einen Ast und das andere irgendwo unten fest, zum Beispiel an einem Baumstamm oder an einem Stuhl. Die Öffnung der Wasserflasche muss dabei nach unten zeigen.

Danach geht es los und du fängst an zu pumpen. Wenn der Druck in der Flasche immer größer wird, fliegt der Korken aus der Flasche. Das Wasser entweicht und es kommt zum sogenannten Rückstoß: Deine Rakete fliegt am Seil entlang nach oben.

Hast du alles richtig gemacht? Dann schießt deine Wasserflaschen-Rakete nach oben!

Die Leonardo-Brücke

Eine Brücke ganz ohne Schrauben, Nägel und Leim. Gibt es so etwas? Ja, entworfen hat sie vor ungefähr 500 Jahren der weltberühmte Leonardo da Vinci. Aber das Beste ist: Du kannst sie selbst nachbauen, am besten mit einer Freundin oder einem Freund zusammen. Du brauchst dafür mindestens acht Holzlatten. Davon sind fünf gleich lange Längslatten und drei gleich lange Querlatten.

- Lege zuerst zwei Längslatten nebeneinander auf den Boden (Latten Nummer A und B in der Zeichnung).
- Auf diese legst du dann in der Mitte eine Querlatte (Latte 1).
- Dann nimmst du die zweite Querlatte (2) und legst sie am unteren Ende unter die beiden Längslatten (A und B), aber so, dass die Querlatte (2) nur zur Hälfte unter den anderen Latten liegt.
- Danach kommt die dritte Längslatte (C) ins Spiel. Schiebe sie zwischen die anderen beiden Längslatten (A und B) unter die zweite, untere Querlatte (2) und über die erste, obere Querlatte (1), aber nur zur Hälfte.
- Anschließend nimmst du die beiden letzten Längslatten (D und E) und legst sie unter die ersten beiden, sodass ihre oberen Enden ebenfalls auf der zweiten Querlatte (2) liegen.
- Die letzte Querlatte (3) legst du auf die unteren Längslatten (D und E) in der Mitte, aber unter die dritte, mittlere Längslatte (C).

Damit ist die Brücke fertig. Sie hält aufgrund der Spannung. Aber du musst natürlich sehr vorsichtig sein: Sind die Latten zu dünn, können sie brechen, selbst wenn du sie richtig zusammengebaut hast.

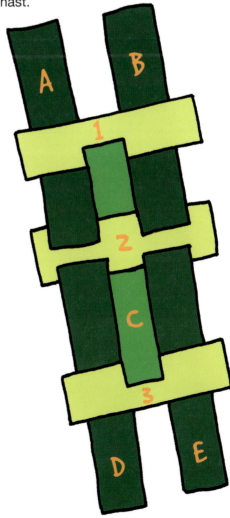

WISSENSCHAFT UND TECHNIK

Wie rettete Benjamin Franklin vielen Menschen das Leben?

Als Politiker und Naturwissenschaftler hatte Benjamin Franklin (1706–1790) einen guten Namen. Der Amerikaner gilt als einer der Gründungsväter der Vereinigten Staaten von Amerika und unterzeichnete 1776 die Unabhängigkeitserklärung. Zudem setzte er sich für das Allgemeinwohl ein. Straßenreinigung und Beleuchtung sowie die freiwillige Feuerwehr kamen durch seine Initiative zustande.

Auf wissenschaftlichem Gebiet gilt Franklin als Erfinder des Blitzableiters. 1752 machte er ein Experiment mit einem Papierdrachen und stellte fest, dass Blitze elektrische Entladungen sind, die sich den kürzesten Weg zur Erde suchen. Daher entwickelte er für Gebäude den Blitzableiter, eine Metallstange, durch die der Blitz an der Außenseite des Hauses in die Erde fließen kann, ohne Schaden anzurichten.

Der Blitzableiter schützt das Haus während eines Gewitters.

? Schon gewusst?

Die Alchemie gilt als Vorläufer der heutigen Chemie. Sie war eine Mischung aus Wissenschaft und Magie. Alchemisten unternahmen Experimente, mit denen sie Wunderdinge vollbringen wollten. Sie versuchten außerdem, die geistige Entwicklung des Menschen zu ergründen.

Gold ist ein Element.

Woher kommt Gold?

Seit Jahrtausenden gilt Gold als eines der wertvollsten und begehrtesten Metalle. Für Schmuckstücke, Kunstgegenstände und als Wertanlage wird es gern verwendet. Gold ist ein eigenes Element, das heißt, es lässt sich nicht aus anderen Materialien herstellen.

Das edle Metall ist an vielen Orten der Erde zu finden. Es kommt zum Beispiel in Bergminen als Erz sowie in Flüssen als Ablagerung vor. Mithilfe einer speziellen Waschpfanne wird goldhaltiger Sand aus Flüssen geschüttelt. Da das Gold schwerer als der Sand ist, setzt es sich bei diesem Waschvorgang unten in der Pfanne ab. In Bergminen kommt es vor allem in Südafrika, den USA, Australien und Russland vor.

Was ist der Stein der Weisen?

Bereits in der Antike versuchten Wissenschaftler, Gold künstlich herzustellen. Die Lösung dafür sahen die Alchemisten im Stein der Weisen. Ein magischer Stoff, der unedle Metalle wie Quecksilber in edle Metalle wie Gold oder Silber umwandelt. Auch sollte durch den Stein der Weisen ein Trank entstehen, der unsterblich macht und als Universalmedizin alle Krankheiten heilt.

Kein Experiment konnte diese Substanz hervorbringen, auch wenn einige Alchemisten behaupteten, sie zu besitzen. Dafür gelangen ihnen andere nützliche Entdeckungen wie das Porzellan. Durch die Entwicklung der modernen Chemie im 17./18. Jahrhundert verlor die Alchemie zunehmend ihre Anhänger.

Ist der Stein der Weisen wirklich ein Stein?

Woher kommt das Schwarzpulver?

Wer das Schwarzpulver entdeckt hat, ist umstritten und konnte bis heute nicht eindeutig geklärt werden. Fakt ist, dass es in China und Arabien schon im frühen Mittelalter verwendet wurde, in Syrien ist es schon im 7. Jahrhundert dokumentiert. Im Mittelalter wurde das Schwarzpulver, auch Donnerkraut genannt, in der Mischung aus Salpeter, Kohle und Schwefel hierzulande bekannt. Sein Name geht auf die schwarze Farbe des Pulvers zurück. Während es früher vor allem in Waffen zum Einsatz kam, wird es heute hauptsächlich bei Feuerwerken als Antriebsmittel für die Raketen verwendet.

? Schon gewusst?

Der britische Naturwissenschaftler Isaac Newton (1642–1727) löste nicht nur mathematische Formeln und entdeckte die Schwerkraft, er war auch ein begeisterter Alchemist. Einer Legende nach stieß sein Hund „Diamond" einmal eine Kerze um. Dadurch verbrannten Aufzeichnungen jahrelanger Arbeit.

Früher funktionierten Waffen mit Schwarzpulver.

WISSENSCHAFT UND TECHNIK

Ein Feuerwerk

Wie entsteht ein Feuerwerk?

Schon vor circa 1000 Jahren kannten die Chinesen das Feuerwerk. Es war vor allem laut und entstand durch die Verbrennung und Explosion von Schwarzpulver, das damals in einem Bambusrohr steckte. Unsere heutigen Böller und Raketen sind nicht nur laut, sondern auch prachtvoll und in einer Farbenvielfalt zu bestaunen.

Dem Feuerwerkskörper werden hierfür verschiedene Chemikalien beigefügt wie Magnesium oder Schwefel. Mithilfe einer Zündschnur wird er gezündet. Die dabei entstehende Wärme regt die Chemikalien zum Leuchten an. Die Mischung der Chemikalien ist ausschlaggebend für die Farbe des Feuerwerkskörpers. Jedes Jahr geben die Deutschen an Silvester bis zu 100 Millionen Euro für Knaller aus.

Was ist Bionik?

Der Begriff Bionik steht für ein wissenschaftliches Fachgebiet, das sich mit der Nutzung biologischer Prinzipien in der Technik beschäftigt. Spannende oder unglaubliche Phänomene aus der Natur liefern also das Vorbild für eine technische Entwicklung. Viele Bionikprodukte nutzen wir auch im Alltag, zum Beispiel den Klettverschluss.

Entwickelt wurde er durch den Ingenieur Georges de Mestral (1907–1990). Er untersuchte die Früchte von Kletten, die nach einem Spaziergang an seiner Kleidung und im Fell seines Hundes hafteten. Dabei entdeckte der Forscher, dass die Stacheln der Klette nicht gerade sind. Sie enden in kleinen Schlingen, die sich leicht in Stofffasern verhaken können. Dieses Prinzip findet sich beim Klettverschluss wieder.

Wie entstand das Klonschaf Dolly?

Das Schaf Dolly, das im Juli 1996 geboren wurde, ging als erstes geklontes Säugetier in die Geschichte ein. Dolly hatte keinen Vater, dafür aber drei Mütter. Ein Schaf lieferte die Spenderzelle, die aus dem Euter entnommen wurde. Wissenschaftler kombinierten diese Zelle mit der Eizelle eines weiteren Schafes, bei der zuvor der Kern mit den Erbinformationen entfernt wurde.

So entstand ein neues Leben im Reagenzglas. Damit der gezeugte Embryo heranwachsen konnte, musste er in ein drittes Schaf eingesetzt werden. Dieses Schaf hatte aber nur die Funktion einer Leihmutter. Tatsächlich war Dolly mit dem Schaf, von dem die Körperzelle stammte, genetisch identisch. Das bedeutet: Schaf Dolly war eine genaue Kopie seiner Mutter, ähnlich wie ein Zwilling. Unglaublich!

Das Klonschaf Dolly starb nach sieben Jahren.

Wie durchleuchten Röntgenstrahlen den Körper?

Obwohl sie nicht sichtbar sind, können Röntgenstrahlen tief in den menschlichen Körper eindringen und diesen durchleuchten. Röntgenstrahlen sind elektromagnetische Wellen, die sehr viel Energie besitzen. Dadurch können sie feste Stoffe mit geringer Dichte – wie die Haut – leicht durchdringen.

Schwieriger wird es hingegen bei Stoffen mit einer größeren Dichte. Knochen oder Metalle lassen die Röntgenstrahlen kaum oder gar nicht durch. Auf dem Röntgenschirm sichtbar sind deshalb unterschiedlich helle und dunkle Flecke. Ein Nagel, der bei einer Operation in den Knochen gebohrt wurde, ist beispielsweise klar zu erkennen, der Muskel davor eher nicht.

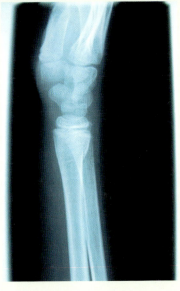
Röntgenaufnahme eines Arms

Wie funktioniert die Radartechnik?

Durch die Radartechnik lässt sich beispielsweise der Verkehr zu Land und zu Wasser optimal überblicken und ganz leicht koordinieren. Ein Kapitän weiß auch bei dichtem Nebel dank des Radars, ob sich andere Schiffe nähern. Und der Pilot findet seinen sicheren Weg durch die dicken Wolken.

Schiffe oder Flugzeuge können deshalb geortet werden, weil sie elektromagnetische Wellen reflektieren. Eine Radarantenne, die meist auch als Empfangsantenne dient, sendet immer wieder kurze Impulse aus. Treffen die Wellen auf ein Objekt, werden sie zurückgeworfen. Ein Empfänger nimmt die reflektierten Signale auf und wandelt sie auf dem Radarschirm in sichtbare Punkte um. So lassen sich Objekte und deren Entfernung bestimmen.

Per Telefon kann man mit Menschen auf der ganzen Welt kommunizieren.

Wie funktioniert ein Telefon?

Die Erfindung des Telefons macht es möglich, dass wir mit Menschen reden können, die weit entfernt von uns sind. Doch wie funktioniert die Übertragung unserer Worte binnen weniger Sekunden?

Zunächst einmal entstehen Schallwellen, wenn wir etwas in den Hörer sagen. In der Sprechmuschel befindet sich ein Mikrofon, das diese Wellen in elektrische Impulse umwandelt. Nun können die elektrischen Signale auf ihre Reise gehen. Durch Leitungen, die meist unter der Erde liegen, gelangen sie zu unserem Gesprächspartner. Dort angekommen müssen die Impulse wieder in akustische Signale umgewandelt werden, damit die Person am anderen Ende der Leitung unsere Worte verstehen kann.

Wofür benutzen wir den Laser?

CDs oder DVDs werden von Lasern gelesen, der Laserscanner an der Supermarktkasse entziffert Preisschilder und Polizisten ermitteln dank Lasergeräten die Geschwindigkeit von Autos. Der Einsatz dieser Strahlungsquelle ist aus dem täglichen Leben nicht mehr wegzudenken. Doch der Laser ist gar nicht so alt: 1960 wurde er erstmalig hergestellt.

Es handelt sich um einen stark gebündelten Lichtstrahl. Seine Wellen haben alle dieselbe Länge, daher ist der Strahl einfarbig. Ein Laserstrahl kann sehr dünn und auf eine kleine Fläche konzentriert sein, wodurch er sehr intensiv und energiereich wird. Auch beim Schneiden, Schweißen oder Bohren von Materialien wie Holz, Kunststoff oder Metallen kommt er zum Einsatz. In der Medizin ist der Laserstrahl unersetzlich geworden. So können beispielsweise Augenerkrankungen mit seiner Hilfe geheilt werden.

Ein Laser ist vielseitig einsetzbar.

Warum haben Verpackungen Strichcodes?

1974 wurde in einem amerikanischen Supermarkt der Produktpreis eines Artikels erstmals wie von Zauberhand von einem Scanner ermittelt. Dieser las den Barcode auf einer Packung Kaugummis und ersparte der Kassiererin dadurch die händische Eingabe des Preises.

Inzwischen sind auch hierzulande fast alle Verpackungen mit einem Strichcode gekennzeichnet. Das Geheimnis des Codes ist einfach zu entschlüsseln: Er enthält schwarze Balken (englisch: bar) von unterschiedlicher Breite. Diese stehen für eine bestimmte Zahlenkombination. Durch den Scanner wird der Code eingelesen und an die Computerkasse übermittelt. Sobald diese weiß, welche Artikelnummer sich hinter dem Code verbirgt, ruft sie aus der Datenbank den dazugehörigen Preis ab. Es kann jedoch vorkommen, dass der Code nicht vom Scanner angenommen wird. Deshalb ist die Nummer meist noch unter den Balken aufgedruckt.

Strichcodes erleichtern den Kassierern die Preiseingabe.

? Schon gewusst?

Auf Lebensmittelverpackungen befindet sich unter dem Strichcode oft ein Zahlencode. Anhand der ersten zwei oder drei Ziffern kannst du feststellen, woher das Produkt kommt: 40 bis 44 ist der Code für Deutschland, 90 und 91 für Österreich und 76 für die Schweiz.

CODEKNACKER

Codes und Chiffren

Um Geheimnachrichten zu schreiben, die keiner entschlüsseln kann, brauchst du clevere Verschlüsselungssysteme, sogenannte Codes. Hier findest du einige Beispiele.

Schreibe verschlüsselte Nachrichten an deine Freunde.

Der Kästchen-Code

Der Kästchen-Code wird auch Freimaurer-Code genannt, da er vom Geheimbund der Freimaurer vor allem im 18. Jahrhundert benutzt wurde. In ihm werden Buchstaben durch Zeichen ersetzt.

Um bei diesem Code einen Buchstaben zu verschlüsseln, zeichnest du die Striche und Punkte, die diesen Buchstaben umgeben. So sieht es dann aus:

A = _| B = |_| C = |_   ...   Z = /.\

Kannst du „DER SCHATZ LIEGT UNTER DER MATRATZE" im Kästchen-Code schreiben?

Die Polybios-Chiffre

Erfunden hat diese Chiffre der griechische Geschichtsschreiber Polybios (etwa 200–120 vor Christus). Die Polybios-Chiffre besteht aus einer Tabelle, in der auf der linken Seite und in der Kopfzeile die Zahlen von eins bis fünf eingetragen werden.

Die Buchstaben des Alphabets schreibt man in die 25 „inneren" Kästen des Rechtecks. Da das Alphabet aus 26 Buchstaben besteht, musst du auf einen in der Tabelle verzichten und ihn notfalls in deinem Geheimtext als Buchstaben schreiben.

Bei dieser Chiffre bleibt es völlig dir überlassen, wie du die Buchstaben in der Tabelle einträgst. Im folgenden Beispiel sind sie von oben nach unten, beginnend mit der linken Spalte, angeordnet. „TREFFEN UM NEUN" wird als 44/24/51/12/12/51/33 54/23   33/51/54/33 dargestellt.

Entschlüssele zur Übung diese Zahlenfolge:
41/51/24   21/24/42/51/12   34/44/51/31/52/44
42/23   11/34/44/13/43/31/32!

	1	2	3	4	5
1	A	F	L	Q	V
2	B	G	M	R	W
3	C	H	N	S	X
4	D	I	O	T	Y
5	E	K	P	U	Z

Lösung: Der Brief steckt im Astloch!

Die Zeichen-Chiffre

Bei dieser Methode kannst du den Buchstaben ein beliebiges Zeichen zuordnen. Das können Punkte, Zahlen, Striche, Kreise oder andere Symbole sein. Lass deiner Fantasie freien Lauf! Wichtig ist nur, dass du und der Empfänger der Botschaft die gleichen Zeichen benutzt, sonst könnt ihr sie nicht beide entziffern oder dechiffrieren.

Hier sind einige Vorschläge für eine Chiffrierung:

A = | S = ∅   W = Ш
B = Δ   T = ≠   X = •
C = /   U = Π   Y = ∞
...   V = ◊   Z = Ω

Wie sieht das Morsealphabet aus?

Das Morsealphabet sieht sehr geheimnisvoll aus, ist aber gar nicht schwer zu entschlüsseln. Die einzelnen Buchstaben unseres Alphabets werden durch Striche und Punkte dargestellt. Mithilfe eines Morseapparats können diese Zeichen zum Beispiel als Tonsignal an einen Empfänger übermittelt werden.

Als Faustregel gilt: Je kürzer ein Zeichen im Morsealphabet, desto häufiger kommt der dazugehörige Buchstabe in unserem Sprachgebrauch vor. Ein einzelner Punkt steht zum Beispiel für den Buchstaben E, das seltene V wird durch drei Punkte und einen Strich angezeigt. Das Morsealphabet geht auf den Amerikaner Samuel Morse (1791–1872) zurück, der auch den ersten brauchbaren Schreibtelegrafen entwickelte. Morses Erfindung machte eine schnelle Übermittlung von Nachrichten über eine größere Entfernung möglich.

Morsealphabet:

A	• –
B	– • • •
C	– • – •
D	– • •
E	•
F	• • – •
G	– – •
H	• • • •
I	• •
J	• – – –
K	– • –
L	• – • •
M	– –
N	– •
O	– – –
P	• – – •
Q	– – • –
R	• – •
S	• • •
T	–
U	• • –
V	• • • –
W	• – –
X	– • • –
Y	– • – –
Z	– – • •

Wie werden Handygespräche übertragen?

Dass Telefonate mithilfe von Kabeln übertragen werden, kann man sich noch vorstellen. Doch Mobiltelefone kommen ganz ohne sichtbare Verbindung aus. Was uns optisch verborgen bleibt: Jeder, der mit dem Handy unterwegs ist, bewegt sich durch ein unsichtbares Gitternetz von Funkzellen.

Über die Funkzellen hält das Handy, wenn es eingeschaltet ist, Kontakt zum Netz. Zu jeder Funkzelle gehört eine Basisstation. Sie nimmt die Funksignale in Form von elektromagnetischen Wellen auf und kann diese verarbeiten und weiterleiten. Über Vermittlungsstellen sind Basisstationen miteinander verbunden. Ein Telefonat per Handy läuft also meist über zwei Stationen: die des Anrufers und die des Angerufenen.

Mobiltelefone sind unsichtbar miteinander verbunden.

Die Basisstation nimmt die Funksignale auf.

Wie funktionieren Navigationssysteme?

Ein Navigationsgerät findet immer den Weg.

Immer genau wissen, wo man selbst und wo der richtige Weg ist – mit einem Navigationssystem geht das ganz einfach. Das „Navi" besitzt einen Empfänger, der ununterbrochen Signale von mehreren Satelliten, in der Regel von vier, aus dem Weltall entgegennimmt. Daraus kann der Empfänger ständig seinen exakten Standort berechnen.

Außerdem sind genaue Landkarten eingespeichert, sodass das Navigationsgerät immer anzeigen kann, welche Straße oder welchen Weg man nehmen muss, um das geplante Ziel zu erreichen. Nicht nur Autos, Flugzeuge und Schiffe verwenden Navigationssysteme, auch Outdoorsportler und Wanderer können damit Route und Geschwindigkeit genau bestimmen.

! Probiers aus!

Willst du wissen, wo die Pole liegen? Binde einen Faden längs um die Mitte einer Büroklammer. Befestige den Faden am Tisch, sodass die Klammer frei baumelt. Nun streiche mit einem Magneten mehrfach vom eckigen zum spitzen Ende der Büroklammer, bis sich die Klammer ausrichtet. Die Enden zeigen dann zum Nord- beziehungsweise Südpol.

Ein Kompass zeigt immer nach Norden.

Woher weiß der Kompass, wo Norden ist?

Egal ob man einen Kompass schüttelt oder dreht – die Nadel zeigt immer in nördliche Richtung. Deshalb können wir Menschen mit diesem Instrument zuverlässig die Himmelsrichtungen bestimmen. Aber wie kommt es, dass die Nadel den Weg nach Norden weist?

Auf unserer Erde existiert ein riesiges Magnetfeld, dessen Pole nahe des geografischen Nord- und Südpols liegen. Um die Pole herum ist das Magnetfeld besonders stark. Zwischen beiden Polen verlaufen magnetische Feldlinien. Die Kompassnadel ist ein drehbarer Zeiger aus magnetischem Material. Der Zeiger stellt sich entlang der Linien des Erdmagnetfeldes ein und weist dabei den Weg nach Norden.

Wer erfand das Internet?

Seinen Ursprung hat das Internet in den 1960er-Jahren. Die Forschungsarbeiten daran waren zuerst ein Geheimprojekt. Den Vorläufer des Internets bildete das ARPANET (Advanced Research Projects Agency Network). Es wurde von einer Agentur des Verteidigungsministeriums der USA entwickelt.

Die Agentur hatte den Auftrag, ein Datennetz aufzubauen, das nicht von einem Zentralcomputer abhängig ist. Das Netzwerk sollte die Universitäten, die für das Verteidigungsministerium forschen, miteinander verbinden. Zu diesem Zeitpunkt war die Angst vor einem Krieg sehr groß. Deshalb wollte man sicherstellen, dass für die Regierung wichtige Ämter weiterhin in Verbindung bleiben konnten.

World Wide Web

Was passiert in einem Kernkraftwerk?

Wie durch rotierende Windräder oder tosende Wassermühlen Energie gewonnen wird, ist offensichtlich. Eher geheimnisvoll wirken hingegen die riesigen Kernkraftwerke. Auch dort entsteht Energie und zwar ohne viel Lärm.

In einem Kernreaktor wird radioaktives Material, zum Beispiel Uran, gespalten. Bei diesem Prozess entsteht Hitze, mit der Wasser verdampft. Der Dampf treibt wiederum Generatoren und Turbinen an. So wird der Strom erzeugt, der in unser Stromnetz fließt. Diese Form der Energiegewinnung ist zwar effektiv, aber umstritten. So haben die Menschen Angst, dass versehentlich hochgiftiges, radioaktives Material aus den Kernkraftwerken austreten könnte.

Wie wird hier Strom gewonnen?

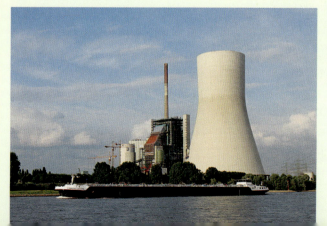

Wo steht das höchste Gebäude der Welt?

Mit einer Höhe von 828 Metern ist der Burj Chalifa in den Vereinigten Arabischen Emiraten das derzeit höchste Gebäude der Welt. Gebaut wurde dieses gigantische Hochhaus von 2004 bis 2009 von insgesamt 7500 Arbeitern. Die geplante Höhe des Bauwerks war über Jahre hinweg ein Geheimnis. Erst kurz vor ihrem Erreichen wurde sie bekannt gegeben.

Der Turm ist ein Wolkenkratzer der Superlative: Mit über 160 Stockwerken hat es die höchste nutzbare Etage und das höchste Dach zu verzeichnen. Insgesamt verfügt es über 57 Aufzüge, wobei ein Doppelstockaufzug bis zu 18 Meter in der Sekunde fahren kann.

? Schon gewusst?

Atome sind die kleinsten Bestandteile aller Dinge und Lebewesen. Sie enthalten Kerne. Wenn man die Masse, die Ladung oder die Energie eines Atoms ändert, zerfällt der Kern und das Atom wird gespalten. Dieses Zerfallen und die Strahlung, die dabei entsteht, nennt man Radioaktivität.

Welche Abhörtechniken gibt es?

Das einfachste Abhörgerät, das es gibt, ist ein Trichter, den man zum Beispiel an die Wand hält, um ein Gespräch im Nebenraum zu belauschen. Durch seine Form verstärkt er die Geräusche. Einen Trichter darf auch jeder besitzen und benutzen.

Andere Abhörgeräte funktionieren mit Mikrofon und Funkverbindung. Sie werden Wanzen genannt, weil sie so winzig klein sind, dass sie wie die kleinen Insekten gut versteckt werden können. Diese Geräte darf nicht jeder benutzen, man braucht eine bestimmte Erlaubnis dafür.

Es gibt noch viele andere technische Möglichkeiten: Laserstrahlen, die Schallwellen in Töne umwandeln, oder Handys, die durch einen Geheimknopf zu Aufnahmegeräten werden.

Wie kann man jemanden belauschen?

? Schon gewusst?

Das englische Wort Scanner bezeichnet Geräte, die mithilfe von Sensoren ein Objekt abtasten und diese Informationen in einen elektronischen Datensatz umwandeln. Diese Daten können dann mit Computern verarbeitet werden. So kann zum Beispiel die Netzhaut im Auge eines Menschen erfasst und zugeordnet werden.

Wie funktioniert eine Netzhauterkennung?

In der Fachsprache wird diese Methode zur Identifizierung eines Menschen Retinal Scan genannt. So wie der Fingerabdruck bei jedem Menschen einzigartig ist, hat auch das Adergeflecht der Netzhaut ein einmaliges Muster. Das Verfahren wird benutzt, um nur bestimmten Menschen den Zugang zu geschützten Räumen zu ermöglichen. Hierfür ist ein kompliziertes technisches Gerät notwendig.

Dabei muss man sich in einem bestimmten Abstand vor das Gerät stellen und den Kopf ganz ruhig halten. Mit Infrarotlicht wird der Augenhintergrund ausgeleuchtet, das Licht zurückgeworfen und mit einem Scanner erfasst. Das dadurch entstandene Bild wird in einen Datensatz umgewandelt, der unverwechselbar ist.

Die Netzhaut des Auges ist so individuell wie ein Finger- oder ein Ohrmuschelabdruck.

KRIMINALISTIK UND SPIONAGE

Wie entstehen Phantombilder?

Die Polizei setzt Phantombilder ein, um Straftäter zu ermitteln. Früher fertigten geschulte Zeichner die Bilder nach Aussagen von Zeugen an. Später gab es verschiedene Folien mit speziellen Gesichtsmerkmalen, die mithilfe der Zeugenaussagen aufeinandergelegt wurden, sodass ein Bild entstand. Heutzutage wird ein Phantombild am Computer mittels einer extra dafür entwickelten Software erstellt.

Wie sieht der gesuchte Verbrecher aus?

Wie arbeitet ein Lügendetektor?

Lügendetektoren, auch Polygrafen genannt, sind Geräte, die verschiedene Körperreaktionen eines daran angeschlossenen Menschen messen. Man geht davon aus, dass jemand, der lügt oder etwas zu verbergen hat, nervös ist. Durch diese Nervosität ändern sich bestimmte Körperfunktionen wie die Atemfrequenz, der Puls und der Blutdruck. Darüber hinaus wird auch gemessen, ob der Befragte schwitzt.

Die so gesammelten Daten werden in einer Kurve aufgezeichnet. Diese wird dann von einem Fachmann ausgewertet. Bei uns ist sehr umstritten, ob diese Methode wirklich einen Lügner entlarven kann. Schließlich können zum Beispiel ein erhöhter Blutdruck oder starkes Schwitzen auch andere Ursachen als Nervosität haben.

Was ist Körpersprache?

Die Körpersprache kann viel über einen Menschen verraten, denn sie passiert meistens unbewusst. Es kommt nämlich nicht nur darauf an, was, sondern auch, wie etwas gesagt wird. Körpersignale werden zum Beispiel durch Arm- und Handbewegungen, die Gestik, und durch den Gesichtsausdruck, die Mimik, ausgesendet.

So wirkt ein Lächeln freundlich, ein Stirnrunzeln und verschränkte Arme hingegen abweisend. Auch die Art, wie man sich kleidet und frisiert, gehört zur Körpersprache und kann Menschen, die die Körpersprache zu deuten wissen, Aufschluss über den Charakter einer Person geben.

Die Körpersprache eines Menschen verrät dir viel über den Gemütszustand, zum Beispiel ob der Betreffende lügt.

Was ist ein genetischer Fingerabdruck?

Jeder Mensch ist einzigartig und besitzt speziell zusammengesetzte Erbinformationen, die in den Genen gespeichert sind. Besonders geschulte Rechtsmediziner können aus winzigen Hautschüppchen, Blut, Haaren oder Speichel bestimmte Muster analysieren.

Oft wird an einem Tatort entsprechendes Material gefunden. So kann man die Untersuchungsergebnisse mit Daten von Verdächtigen vergleichen. Diese sogenannte DNA-Analyse dient aber auch dazu, Verdächtige zu entlasten, wenn damit bewiesen werden kann, dass sie unschuldig sind.

Was sind unveränderliche Merkmale?

Weil Menschen alle unterschiedlich sind, haben einige von ihnen auch besondere Merkmale. Das kann ein Muttermal, eine Narbe oder eine bestimmte Gesichtsform sein. Auch Tätowierungen können einen Täter überführen. Allerdings können diese Erkennungszeichen mittlerweile zum Beispiel durch Operationen geändert werden. Wirklich unverwechselbar sind nur Fingerabdrücke, Gene und die Netzhaut.

Fingerabdrücke sind absolut unverwechselbar.

Wie funktioniert eine Beweissicherung?

Wenn die Polizei nach einem Verbrechen am Tatort eintrifft, sperrt sie ihn sofort ab. Dann haben nur noch die ermittelnden Spezialisten Zutritt, um Beweise zu sichern. Dabei tragen die Beamten Schutzanzüge, damit sie keine Spuren verwischen. Dank vieler Hilfsmittel, von der Pinzette bis zu chemischen Lösungen, finden sie zahlreiche Hinterlassenschaften der Täter: Haare, Hautschuppen, Stofffetzen, Finger- und Fußabdrücke oder Munition. Schuhsohlen hinterlassen oft schmutzige Spuren. Mit einer speziellen Folie wird der Abdruck aufgenommen und in einer Datenbank gespeichert. Fingerabdrücke lassen sich mithilfe eines Pulvers aus Eisenspänen sichern und ebenfalls speichern. Am Computer können so alle gesammelten Daten verglichen werden.

Die Polizei sperrt den Tatort ab.

KRIMINALISTIK UND SPIONAGE

SPIEL UND SPASS

Detektivspiele

Auch wenn du vielleicht noch kein richtiger Agent oder Detektiv bist, kannst du dich in den folgenden Spielen schon einmal wie einer fühlen.

Der Kommissar

Das Spiel eignet sich für Geburtstage oder Partys. Je mehr deiner Freunde mitspielen, desto besser ist es. Ihr benötigt Stifte, einen Zettel, eine Schüssel, ein Tuch oder einen Schal. Das Spiel lässt sich sehr gut drinnen spielen.

Alle Mitspieler versammeln sich in einem Raum. Durch ein Los wird der Kommissar bestimmt: Jeder schreibt seinen Namen verschlüsselt auf einen Zettel (zum Beispiel in Spiegelschrift oder mit verdrehten Buchstaben). Die Zettel werden zusammengefaltet und in einer Schüssel gesammelt. Das jüngste Kind verbindet sich mit einem Tuch oder Schal die Augen und zieht einen Zettel. Alle dürfen beim Entschlüsseln des Namens mithelfen und der Gezogene wird zum Kommissar ernannt.

Ein Los entscheidet, wer der Kommissar wird.

Dann kann das Spiel losgehen: Der Kommissar verlässt den Raum. Nun wird der nächste Name gezogen, um den Mörder zu bestimmen, der sich unauffällig unter die anderen Mitspieler mischt.

Der Kommissar wird wieder hineingerufen. Er hat die schwierige Aufgabe, die anderen Mitspieler zu beobachten, die alle durcheinanderlaufen. Er versucht dabei herauszufinden, wer der Mörder ist. Der Mörder hat nämlich die Aufgabe, möglichst unauffällig innerhalb von fünf Minuten drei Kinder anzuzwinkern.

Jeder, der angezwinkert wurde, lässt sich auf den Boden fallen und stellt sich tot. Gelingt es dem Kommissar nicht, innerhalb der fünf Minuten den Mörder zu bestimmen, wird er erneut nach draußen geschickt und das Spiel beginnt von vorn.

Falls der Kommissar den Mörder entdeckt, wird dieser zum Kommissar und geht nach draußen. Die anderen ziehen den nächsten Namen aus der Schüssel und bestimmen einen neuen Mörder.

SPIEL UND SPASS

Entlarvt der Kommissar den Mörder?

Fang die Ganoven

Dieses Spiel eignet sich besonders gut für draußen. Je mehr Mitspieler es gibt, desto spannender wird es. Ihr braucht dafür eine Flasche und einen Schal zum Verbinden der Augen. Alle Kinder stehen im Kreis. Dann wird die Flasche auf den Boden gelegt und im Kreis gedreht. Derjenige, auf den die Öffnung der Flasche zeigt, ist der Kommissar. Er stellt sich in die Mitte des Kreises und versucht, sich ganz genau zu merken, welches Kind wo steht.

Anschließend werden ihm die Augen so verbunden, dass er nichts mehr sehen kann. Der Kommissar nennt nun zwei Namen, das sind die „Ganoven". So ruft er beispielsweise: „Maximilian und Susanne – ihr seid verhaftet!" Die beiden genannten Spieler müssen nun möglichst leise und geschickt ihre Plätze tauschen. Dabei dürfen sie den Kreis nicht verlassen. Der Kommissar versucht währenddessen, einen von ihnen zu fangen. Derjenige, den er berührt, wird der neue Kommissar. Falls sehr viele Kinder mitspielen, kann der Kommissar zwei Hilfspolizisten bestimmen, die ihm – ebenfalls mit verbundenen Augen – beim Fangen zur Seite stehen.

Gelingt der Platztausch der beiden Ganoven jedoch und ist der Kreis wieder geschlossen, rufen beide Spieler laut „Fertig!". Wer gefasst wurde, muss den Kreis hingegen verlassen. Bleiben nur noch fünf Ganoven übrig, darf der Komissar unter den verschiedenen Mitspielern seinen Nachfolger bestimmen.

Tipp: Falls der Kommissar nicht alle Mitspieler mit Namen kennt, bekommt jedes Kind eine Nummer. Er ruft dann die Nummern der Kinder auf, die die Plätze tauschen sollen.

Der Kommissar versucht mit verbundenen Augen, die Ganoven zu schnappen.

Wozu dient eine Handschriftanalyse?

Die in der Fachsprache „forensische Handschriftenanalyse" genannte Methode kann Beweise vor Gericht erbringen und zum Beispiel zeigen, ob eine Unterschrift unter einem Testament oder einem Vertrag gefälscht oder echt ist. Dieses sehr komplizierte Verfahren wird von einem speziell ausgebildeten Schriftsachverständigen durchgeführt.

Dabei stellt man die zu vergleichende Schrift mehreren Vergleichsproben gegenüber. Das Material wird auf Fälschungsspuren untersucht und die Schriften werden auf bestimmte Merkmale hin überprüft. Diese Methode ist nicht zu verwechseln mit der Grafologie, bei der anhand der Schrift Erkenntnisse bezüglich des Charakters gewonnen werden sollen. Diese ist nicht vor Gericht anerkannt.

Experten können herausfinden, ob eine Unterschrift gefälscht ist.

Wird Hypnose als Ermittlungsmethode benutzt?

Bei uns ist Hypnose bei der Zeugenbefragung nicht erlaubt, in anderen Ländern aber schon, zum Beispiel in den USA. Bei der Hypnose wird der Zeuge durch einen geschulten Hypnotiseur in einen bestimmten Bewusstseinszustand versetzt. Er kann sich währenddessen an Details erinnern, die ihm normalerweise nicht mehr einfallen.

So kann sich die Zeugin eines Unfalls zum Beispiel wieder an ein Autokennzeichen erinnern. Das Gehirn speichert nämlich Informationen, die ein Mensch, der unter Schock steht, nicht unmittelbar abrufen kann. Allerdings übt der Hypnotiseur einen sehr großen Einfluss auf den hypnotisierten Menschen aus, sodass dessen Aussagen nicht immer objektiv sind.

Hypnose kann bei Ermittlungen helfen.

? Schon gewusst?

Das Wort „forensisch" bedeutet „gerichtsfest": Ein Beweis ist also forensisch, wenn er vor Gericht anerkannt werden kann. Das Wort stammt vom lateinischen Wort „forum", das bedeutet Marktplatz. Es wird benutzt, weil im antiken Rom Untersuchungen, Rechtsstreitigkeiten, Urteilsverkündungen sowie die Bestrafung meistens auf dem Marktplatz stattfanden.

Was ist eine Spy-Cam?

„Spy" kommt aus dem Englischen und heißt spionieren, „Cam" ist die Abkürzung für Kamera. Spy-Cams setzt man in Firmen, auf öffentlichen Plätzen und in verschiedenen öffentlichen Einrichtungen als Überwachungskameras ein. Die Bilder werden aufgezeichnet oder in Echtzeit in eine Zentrale übertragen, in der Wachleute oder die Polizei über Monitore das Geschehen verfolgen.

Darüber hinaus gibt es Minikameras, die so groß wie Zuckerwürfel sind. Sie werden als versteckte Kameras von Detektiven und Polizisten am Körper getragen und zeichnen die Handlungen des verfolgten Verdächtigen auf.

Kameras zeichnen jede unserer Bewegungen auf.

Wie funktioniert eine Wärmebildkamera?

Bestimmte Sensoren in der Wärmebildkamera können Infrarotstrahlen erkennen und umsetzen. Infrarotstrahlen werden von allen Wärmequellen (das kann auch ein Mensch oder ein Tier sein) ausgestrahlt, sind aber für das menschliche Auge nicht sichtbar.

In der Kriminalistik werden die Spezialkameras zum Beispiel bei der Spurensuche eingesetzt. So können im Dunkeln oder bei schlechter Sicht Vermisste entdeckt oder Verdächtige beobachtet werden.

Wie funktioniert die Handyortung?

Jedes Handy kann anhand der Standpunkte der Sendemasten, über die es ins Netz eingewählt ist, geortet werden. Das funktioniert auch, wenn man gerade nicht telefoniert, denn zwischen Handy und Masten besteht ständiger Kontakt. Aber: Das Handy muss eingeschaltet sein.

Die Polizei nutzt diese Methode bei der Suche nach Vermissten und Verletzten. Sie ist dabei auf die Hilfe der Netzbetreiber angewiesen, die die Daten zur Verfügung stellen. Auch privat kann man die Handyortung nutzen. So können zum Beispiel Eltern prüfen, wo sich ihre Kinder aufhalten. Dafür muss aber die Handyortung beim Netzbetreiber angemeldet sein.

Durch ein eingeschaltetes Handy kann der Aufenthaltsort des Besitzers genau bestimmt werden.

KRIMINALISTIK UND SPIONAGE

Mit Metalldetektoren kann man verborgene Gegenstände aus Metall aufspüren.

Was ist eine Vernehmung?

Bei einer Vernehmung werden Menschen, die von einer Straftat betroffen sind, durch die Polizei oder vor Gericht befragt. Dazu gehören die Geschädigten, Zeugen und Verdächtige. Zu einer Befragung wird man vorgeladen. Es ist Pflicht, zur Vernehmung vor Gericht zu erscheinen. Falls ein Zeuge oder ein Verdächtiger bei der Befragung lügt, macht er sich ebenfalls strafbar und kann dafür angeklagt werden.

Was sind Metalldetektoren?

Metalldetektoren sind Geräte, mit denen verborgene Metallteile, aber auch metallische Leitungen und Rohre in Wänden und unter der Erde geortet werden können. Sie funktionieren mithilfe eines Magnetfelds.

In der Kriminalistik verwendet man sie unter anderem, um Patronenhülsen zu finden. Bei der Personenkontrolle, zum Beispiel am Flughafen, kommen sie ebenfalls zum Einsatz. Aber auch Schatzsucher nutzen sie, um vergrabene Schätze wie Goldmünzen aufzuspüren.

Was passiert bei einer Vernehmung?

Von der Polizei vorgenommene Vernehmungen finden meist in einem gesonderten Zimmer statt. Erfahrene Beamte versuchen zuerst, das Grundverhalten des Befragten zu erfahren, zum Beispiel indem sie seine Körpersprache erforschen. Im ersten Teil der Vernehmung erhält der Geladene die Gelegenheit, den Tathergang aus seiner Sicht zu schildern. Im Anschluss führt man eine Befragung durch. Wenn es nötig erscheint, wird er durch verschiedene Gesprächstechniken verunsichert und seine Reaktion darauf beobachtet.

Bei einer Vernehmung stellen die Beamten Fragen.

Schon gewusst?

Der Begriff Kriminalistik steht für die Lehre von der Bekämpfung von Verbrechen und zwar sowohl vorbeugend als auch für strafverfolgende Maßnahmen. Dazu gehören auch Methoden wie die Vernehmung und Mittel wie Abhörtechniken. Dadurch sollen Verbrechen verhindert oder mithilfe von Beweisen vor Gericht aufgeklärt werden.

Was ist ein Alibi?

Das Wort Alibi stammt aus dem Lateinischen und bedeutet „anderswo". Es steht in der Kriminalistik für den Beweis, dass ein Verdächtiger nicht der Täter sein kann, weil er zum entsprechenden Zeitpunkt nicht am Tatort war.

Ein Alibi kann zum Beispiel durch Zeugenaussagen erbracht werden, wenn eine andere Person bestätigt, dass der Verdächtige zum angegebenen Zeitpunkt nicht am Tatort war. Wenn diese Person jedoch lügt, droht ihr selbst ein Strafverfahren. Ein Verdächtiger kann jedoch möglicherweise auch durch sogenannte Indizien beweisen, dass er nicht der Täter ist. Das können Fahr- und Eintrittskarten oder Fotos sein.

Wie wurde Al Capone reich?

Der Aufstieg von Alphonse „Al" Capone (1899–1947) zu einem der mächtigsten Gangster der USA wurde durch ein Gesetz begünstigt. In den Vereinigten Staaten war es in den 1920er-Jahren verboten, alkoholhaltige Getränke herzustellen oder zu verkaufen. Doch je weniger Alkohol es gab, umso begehrter wurde er. Al Capone machte mit dem illegalen Verkauf von Alkohol ein großes Vermögen.

Der Ganove, der wegen seiner Narbe im Gesicht „Scarface" (englisch für „Narbengesicht") genannt wurde, kontrollierte neben dem Alkoholhandel auch das Glücksspiel. Seine Feinde schaffte Capone durch Bestechung, Erpressung oder Mord aus dem Weg. Letzteres konnte ihm der Staatsanwalt aber nie nachweisen. Deshalb wurde der Gangster nur wegen eines Steuervergehens angeklagt und verurteilt.

Al Capone war einer der mächtigsten Gangster der USA.

Wer war der geschickteste Hochstapler Amerikas?

Frank Adams, Robert Monjo, Robert Connor und Frank Williams – vier Namen, hinter denen sich aber nur eine einzige Person verbirgt: Frank W. Abagnale (geboren 1948). Dieser Mann war in den 1960er- und 1970er-Jahren einer der berühmtesten Hochstapler und Scheckbetrüger Amerikas. Durch falsche Schecks und andere Betrügereien hatte er sich mit 21 Jahren bereits 2,5 Millionen Dollar ergaunert.

Zudem fälschte Frank W. Abagnale seine Ausweispapiere, gab sich als Pilot, als Arzt oder auch als Anwalt aus und führte so die Leute reihenweise hinters Licht. Diese kriminelle Karriere dauerte fünf Jahre, dann wurde der Betrüger verhaftet. Er kam jedoch vorzeitig aus der Haft frei, da er einwilligte, das FBI fortan mit seinem großen Wissen bei der Jagd nach Fälschern zu unterstützen.

KRIMINALISTIK UND SPIONAGE

Für wen spionierte Aldrich Ames?

Kaum ein Mitarbeiter fügte dem amerikanischen Geheimdienst größeren Schaden zu als Aldrich Ames (geboren 1941). Er leitete dort selbst die Abteilung „Gegenspionage UdSSR", die der Regierung Informationen über die Vorgänge beim sowjetischen Geheimdienst KGB lieferte.

Doch der CIA-Agent verkaufte verbotenerweise Informationen über den amerikanischen Geheimdienst, die ihm als Eingeweihter reichlich zur Verfügung standen. Der sowjetische Geheimdienst zahlte ihm dafür mehrere Millionen Dollar. Durch Ames' Informationen konnte der KGB zahlreiche amerikanische Spione enttarnen, die sich bis dahin unerkannt in der Sowjetunion aufgehalten hatten. 1994 wurde Ames schließlich als Doppelagent entlarvt und verhaftet.

Wer ist der berühmteste Posträuber?

Ronald Arthur Biggs (geboren 1929) überfiel als Mitglied einer britischen Räuberbande 1963 den königlichen Postzug von Glasgow nach London. Die Gangster erbeuteten 2,63 Millionen Pfund, was heute mehr als 35 Millionen Euro wären. Der Überfall wurde bekannt als „The Great Train Robbery" (Der Große Zugraub). Alle 14 Räuber wurden damals verhaftet.

Doch Biggs gelang eine aufsehenerregende Flucht und er floh über Australien nach Brasilien. Völlig pleite kehrte er jedoch im Jahr 2001 freiwillig nach England zurück, weil er sehr krank war. Er wurde verhaftet und musste eine 30-jährige Haftstrafe antreten. Im August 2009 wurde er krank und aufgrund seines schlechten Zustandes aus dem Gefängnis entlassen.

Ronald Arthur Biggs war Mitglied einer britischen Räuberbande.

Wer ist das bekannteste Verbrecherpärchen?

Bonnie Elizabeth Parker (1910–1934) und Clyde Chestnut Barrow (1909–1934) gingen als Bonnie und Clyde in die Geschichte ein. 1930 wurden die beiden ein Paar und reisten fortan durch den Südwesten der USA. Dabei raubten sie Banken, Tankstellen und Lebensmittelgeschäfte aus und ermordeten etwa 13 Menschen, darunter viele Polizisten. Zu ihrer Bande gehörten außerdem Clydes Bruder und dessen Frau.

Bonnie und Clyde wurden schließlich von den Polizisten getötet, die sie gestellt hatten. Durch mehrere Filme und Musik über ihr Leben sind sie noch heute bekannt.

Bonnie und Clyde

Wer war der Erpresser Dagobert?

Arno Funke (geboren 1950) erpresste 1988 sowie von 1992 bis 1994 Kaufhäuser in ganz Deutschland. Sechs Bomben gingen dabei in die Luft, wobei niemand verletzt wurde. Bis zu seiner Festnahme scheiterten mehr als 30 Geldübergaben. Nur beim ersten Mal kassierte er 500.000 D-Mark, das sind umgerechnet circa 250.000 Euro.

Den Namen Dagobert erhielt Funke, weil er unter diesem Namen seine Forderungen stellte. Die Presse griff dies auf und machte ihn so berühmt. Interessiert verfolgte die Öffentlichkeit, wie er mit geschickten technischen Tricks die Fahnder immer wieder hinters Licht führte. Zum Beispiel platzierte er eine Streusandkiste auf einem Zugang zur Kanalisation, sodass er sich unbemerkt von unten an das Geldpaket heranmachen konnte. Statt Geld bekam er jedoch nur Papierschnipsel.

Arno Funke, bekannt als Kaufhaus-Erpresser Dagobert

Wie wurde Dagobert gefasst?

1994 wurde Arno Funke gefasst, als er in einer Telefonzelle in Berlin die nächste Geldübergabe regeln wollte. Dabei hatte er nicht bedacht, dass mittels der modernen Digitaltechnik eine Rückverfolgung seines Anrufs möglich war. Er legte ein umfassendes Geständnis ab und wurde zu neun Jahren Haft wegen schwerer räuberischer Erpressung verurteilt. Nach sechs Jahren und vier Monaten wurde Funke im August 2000 wegen guter Führung entlassen. Während seiner Haft wurde festgestellt, dass er an einer Hirnschädigung litt. Er wurde therapiert und hat mittlerweile ein Buch geschrieben. Derzeit arbeitet er als Zeichner für eine Zeitschrift.

Dagobert wurde in einer Telefonzelle geschnappt.

? Schon gewusst?

Was haben Ronald Biggs und Dagobert gemeinsam? Durch die ständige und ausführliche Berichterstattung in den Medien wurden beide sehr bekannt. Dadurch, dass sie geschickt die Polizei narrten, gewannen sie die Sympathie der Bevölkerung.

KRIMINALISTIK UND SPIONAGE

KRIMINALISTIK UND SPIONAGE

Wer erschoss Billy the Kid?

Billy the Kid (1859–1881) ist einer der bekanntesten Verbrecher des Wilden Westens in den USA. Vermutlich wurde er als Henry McCarty in New York geboren. Er war an zahlreichen Überfällen, Schießereien und Diebstählen beteiligt und unter anderem in New Mexico in eine bewaffnete Auseinandersetzung verfeindeter Rancher verwickelt.

Er wurde schließlich gefasst und erhielt am 13. April 1881 wegen Mordes sein Todesurteil. Mithilfe von Freunden gelang ihm jedoch die Flucht vor dem Galgen. Doch am 14. Juli desselben Jahres wurde er vom Sheriff Pat Garrett (1850–1908), mit dem er angeblich früher befreundet gewesen sein soll, aufgespürt und im Dunkeln erschossen.

Wer war Mata Hari?

Die niederländische Tänzerin Margaretha Geertruida Zelle (1876–1917) gilt als eine der geheimnisvollsten Spioninnen der Welt. Bekannt war sie unter ihrem Künstlernamen Mata Hari. Um ihre Person ranken sich zahlreiche Legenden, die sie jedoch zum Teil auch selbst in die Welt setzte.

Dank ihrer Tätigkeit als Tänzerin hatte sie Kontakt zu einflussreichen Persönlichkeiten aus Politik und Gesellschaft. 1915 trat sie unter dem Decknamen H 21 als Spionin in den Dienst des deutschen Geheimdienstes. Darüber hinaus soll sie auch für den französischen Geheimdienst gearbeitet haben. 1917 wurde Mata Hari wegen Doppelspionage von den Franzosen angeklagt und nach einem spektakulären Prozess hingerichtet. Ob sie tatsächlich eine Doppelagentin war, konnte nie geklärt werden.

Wer war „Jack the Ripper"?

Unter diesem Namen, zu Deutsch „Jack, der Aufschlitzer", wurde ein Serienmörder in London bekannt. Er brachte von August bis November 1888 fünf Frauen um und verletzte vier weitere sehr schwer. Welche Person hinter den Morden steckte, konnte bis heute nicht geklärt werden.

Seinen Namen erhielt der „Ripper", weil eine Nachrichtenagentur ein Bekennerschreiben erhielt, in dem sich der Verfasser als Mörder bekannte. Es gibt unzählige Legenden um die mysteriösen Morde. Viele Schriftsteller, Geschichtsforscher und Amateurdetektive, die sich mit dem Fall beschäftigten, sorgen immer wieder für neue Theorien und Hinweise. Ob das Geheimnis nach so langer Zeit je gelüftet wird, ist weiterhin fraglich.

1888 in London trieb Jack the Ripper sein Unwesen.

Was macht die CIA?

Die „Central Intelligence Agency", kurz CIA genannt, ist die oberste Geheimdienstbehörde der USA. Sie entstand 1947 unter dem amerikanischen Präsidenten Harry S. Truman (1884–1972). Zu dieser Zeit begann der Kalte Krieg – ein mehr als 40 Jahre andauernder Konflikt zwischen den Weltmächten USA und Sowjetunion.

Die Central Intelligence Agency

Um Informationen über den Feind zu sammeln, entsandte die CIA Spione in die ganze Welt. Inzwischen ist der Kalte Krieg vorbei. Deshalb konzentriert sich die Behörde nun auf andere Gegner Amerikas, zum Beispiel einige Länder im Nahen Osten. Wie viele Menschen für die CIA unter einem Decknamen und mit falscher Identität im Ausland arbeiten, ist natürlich ein Geheimnis.

? Schon gewusst?

Im Jahre 1968 sank das sowjetische U-Boot K-129 vor Hawaii. Die CIA plante in einer Geheimaktion namens „Project Jennifer" die Bergung des Wracks aus 5000 Metern Tiefe. Mehr als sechs Jahre später konnte tatsächlich das Bugteil gehoben werden.

Welche Aufgaben hatte der KGB?

Genau wie die USA hatte auch die Sowjetunion von 1954 bis 1991 einen Geheimdienst: das Komitee für Staatssicherheit, auch KGB genannt. Der KGB hatte die Aufgabe, der Regierung Informationen aus dem Ausland zu beschaffen. Weiter war das Ministerium damit beschäftigt, Ausländer zu überwachen, die sich in der Sowjetunion aufhielten. So sollten fremde Spione frühzeitig entlarvt werden.

Der KGB spionierte aber auch innerhalb der sowjetischen Bevölkerung. Die Regierung des Landes unterdrückte nämlich das Volk und ließ keine politische Gegenmeinung zu. Um einen Aufstand zu vermeiden, bekämpfte der KGB alle Regierungsgegner und überwachte die Denk- und Redeweisen der Bürger.

KGB-Hauptquartier Lubjanka in Moskau

Was ist der Bundesnachrichtendienst?

Der BND (eigentlich Bundesnachrichtendienst) ist Deutschlands Auslandsnachrichtendienst. Seine Mitarbeiter sammeln Informationen im beziehungsweise über das Ausland und werten diese aus. Besonders im Blickpunkt stehen dabei Länder, von denen eine große Gefahr ausgeht.

Zu seinen wichtigsten Aufgaben zählt die Aufklärung des internationalen Terrorismus. So versuchen BND-Ermittler herauszufinden, ob ausländische Terroristen hierzulande einen Anschlag oder eine andere Straftat planen. Auch Staaten, die gefährliche Vernichtungswaffen produzieren, werden beobachtet.

KRIMINALISTIK UND SPIONAGE

AGENTENTRAINING

Agenten-Fitness-Programm

Superagenten sind immer durchtrainiert und bewältigen mühelos endlose Verfolgungsjagden. Leicht wie eine Feder klettern sie über hohe Mauern und Zäune, robben durch engste Schächte und springen von einem Hochhaus zum nächsten.

Um das alles zu können, haben sie natürlich fleißig trainiert. Auch wenn du nicht die Möglichkeit hast, mit persönlichen Spezialtrainern solche Tricks einzuüben, kannst du doch im ganz normalen Umfeld deine Ausdauer und Geschicklichkeit trainieren.

Mit dem Springseil trainieren ist eine gute Fitnessübung und macht auch noch Spaß!

Werde so fit wie ein Superagent!

Ausdauertraining

Ausdauer ist das Wichtigste überhaupt. Denn wer schnell die Puste verliert, hat keine Chance, einen flinken Bösewicht zu fangen. Zum Glück gibt es viele Möglichkeiten, im normalen Alltag die Ausdauer zu steigern: zum Beispiel Fahrrad fahren, joggen oder schwimmen. Du kannst auch mit dem Springseil springen. Damit übst du nicht nur die Ausdauer, sondern auch deine Geschicklichkeit!

Wichtig dabei ist es, immer langsam mit dem Training zu beginnen. Wenn du keine Luft mehr oder sogar Seitenstechen bekommst, mache langsamer weiter oder lege eine Pause ein. Du wirst sehen, beim nächsten Training hältst du bestimmt schon länger durch.

Treppenjagd

Suche dir mit ein paar Freunden eine breite, öffentliche Treppe, am besten mit mehreren Absätzen. Dann startet ihr alle gleichzeitig und rennt die Treppe bis zum ersten Absatz hoch – und wieder zurück. Wer am schnellsten läuft, hat aber nicht gewonnen, denn im nächsten Schritt lauft ihr bis zum zweiten Absatz und wieder zurück. Erst danach gibt es einen Gewinner.

Variante: Wenn es drei oder mehr Absätze gibt, kann das Training beliebig weitergeführt werden. Die Treppenjagd kann man auch im Haus spielen, zum Beispiel wenn es regnet.

Geländejagd

Dieses Training kann im Park oder im freien Gelände stattfinden. Ihr solltet dafür mindestens zu zweit sein. Per Münzwurf wird bestimmt, wer der „Gute" und wer der „Böse" ist. Der „Böse" läuft los, der „Gute" zählt laut bis 20 und beginnt mit der Verfol-

AGENTENTRAINING

gung. Dabei hat der Flüchtende nicht nur die Aufgabe wegzulaufen, er soll auch möglichst viele Tricks anwenden, um den Verfolger abzuhängen: nach links und rechts abbiegen, Treppen hinunterlaufen, sich durchs Gebüsch schlagen oder auf dem Spielplatz über die Rutsche oder durch den Sandkasten rennen. Der Verfolger muss nämlich genau den gleichen Weg laufen. So macht die Jagd mehr Spaß!

Hindernisse sind für einen echten Agenten kein Problem.

Krafttraining

Für Kinder ist es nicht ratsam, mit Gewichten zu trainieren. Das brauchst du auch nicht, denn das eigene Gewicht reicht aus, um Arme und Beine zu kräftigen.

Liegestütze

Lege dich bäuchlings auf den Boden. Dann stütze dich mit beiden Händen in Höhe der Schultern ab und richte dich langsam auf. Wenn dir das schwerfällt, stütze dich zusätzlich mit den Knien ab. Dann lasse dich mit geradem Körper ganz langsam wieder in Richtung Boden sinken, aber nicht bis ganz unten. Wenn die Nasenspitze kurz vor dem Boden angekommen ist, drücke dich wieder nach oben.

Versuche zunächst, zehn Wiederholungen zu schaffen. Wenn dir diese Übung leichtfällt, stütze dich nicht mehr mit den Knien ab, sondern mit den Zehen. Schon nach wenigen Tagen wirst du merken, dass du mehr Wiederholungen schaffst.

Kniebeugen

Stelle dich aufrecht hin, die Beine sind gestreckt und stehen schulterbreit auseinander. Achte darauf, auch die Schultern gerade zu halten. Dann strecke deine Arme gerade nach vorn, bis Schultern und Hände auf einer Höhe sind. Gehe nun langsam in die Knie, bis Po und Knie auf einer Höhe sind. Richte dich langsam wieder auf.

Versuche zunächst, zehn Wiederholungen zu machen. Später schaffst du ganz locker mehr. Wichtig: Je langsamer du die Übungen ausführst, desto wirkungsvoller ist das Training.

Trickball

Oft müssen Agenten als Team zusammenarbeiten. Diese Übung trainiert sowohl die Geschicklichkeit als auch die Zusammenarbeit. Hier brauchst du auch wieder einen Partner und dazu einen Ball, zum Beispiel einen Fußball. Stellt euch zwei Meter entfernt gegenüber auf. Werft euch den Ball so schnell wie möglich zu, aber so, dass der andere den Ball auch gut fangen kann. Ihr könnt die Geschicklichkeitsstufen anheben, indem ihr versucht, den Ball so hoch wie möglich – oder so niedrig wie möglich – zu werfen. Damit der Partner fangen kann, rufe ihm kurz „hoch" oder „niedrig" zu. Ihr könnt auch mit „links" und „rechts" abwechseln.

Beim Werfen und Fangen kannst du deine Geschicklichkeit unter Beweis stellen.

Gab es Spione in der ehemaligen DDR?

Nach dem Zweiten Weltkrieg wurde Deutschland zwischen den Siegermächten aufgeteilt. Der sowjetische Teil war von 1949 bis 1990 ein eigenes Land, das sich Deutsche Demokratische Republik, kurz DDR, nannte. Auch die DDR hatte einen Geheimdienst: die Stasi (eigentlich Ministerium für Staatssicherheit).

Viele Stasi-Agenten wurden nach Westdeutschland geschleust, um dort Geheimnisse aus Politik, Wirtschaft und Wissenschaft auszukundschaften. Doch ein größerer Teil war innerhalb der DDR tätig. Die Stasi verfolgte Menschen im eigenen Land, die Kritik am Staat und der Regierung übten. Kurz vor seiner Auflösung hatte der Geheimdienst rund 100.000 „inoffizielle" Mitarbeiter. Sie waren neben ihren normalen Berufen für die Stasi tätig und bespitzelten heimlich Verwandte und Freunde.

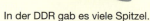

In der DDR gab es viele Spitzel.

Wie ermittelt der Bundesnachrichtendienst?

Rund 6000 Mitarbeiter aller Fachrichtungen sind für den Bundesnachrichtendienst tätig, zum Beispiel Dolmetscher, Verwaltungsmitarbeiter oder Ingenieure. Auch Soldaten, die von der Bundeswehr „ausgeliehen" wurden, leisten im Ausland ganz ohne Uniform geheime Dienste.

Die BND-Mitarbeiter gelangen auf verschiedene Weise an Informationen. Der einfachste Weg: Sie informieren sich durch ausländische Zeitungen, das Fernsehen, Radio und Internet. Daneben besteht die Möglichkeit zur „technischen Beschaffung". Diese beinhaltet unter anderem das Abhören von Telefonen. Die Abteilung „operative Beschaffung" hingegen kümmert sich um Agenten, die im Ausland angeworben wurden.

Wie heißt der britische Geheimdienst?

Schon Königin Elisabeth verfügte über einen Geheimdienst.

Der Auslandsgeheimdienst Großbritanniens heißt eigentlich Secret Intelligence Service (kurz: SIS), wird aber meist Secret Service oder MI6 (Military Intelligence, Section 6) genannt. Natürlich ist der Secret Service schon allein deshalb berühmt, weil er der Arbeitgeber des Romanhelden James Bond ist. Das Gebäude, in dem der SIS sitzt, ist auch in einigen Bond-Filmen (zum Beispiel in „Golden Eye") zu sehen.

Die Anfänge des britischen Geheimdienstes liegen rund 500 Jahre zurück. Sir Francis Walsingham (1532–1590) verfügte als Staatssekretär von Königin Elisabeth I. (1533–1603) über ein Netzwerk von ungefähr 50 Geheimagenten.

Was ist der Mossad?

Es gibt wohl kaum einen Geheimdienst, über den man weniger weiß als über den Mossad. Der Mossad, auch „Institut" genannt, ist der israelische Auslandsgeheimdienst. Er wurde 1951 gegründet und beschäftigt etwa 1200 Mitarbeiter.

Lange Jahre war es ein Staatsgeheimnis, wer aktuell jeweils an der Spitze des Mossads stand. Vom Chef bekannt waren nur die Anfangsbuchstaben seines Vor- und Zunamens. Erst seit Mitte der 1990er-Jahre wird der volle Name veröffentlicht. Die Hauptaufgabe des Mossads ist die Beschaffung von Informationen vorzugsweise über arabische Staaten.

Der Mossad hat seinen Sitz in Tel Aviv.

Woher stammt der Name Scotland Yard?

Scotland Yard ist für viele der Inbegriff der englischen Polizei. Ursprünglich bezeichnete der Name eigentlich nur den Hauptsitz der Londoner Polizei, des Metropolitan Police Service. Im Jahre ihrer Gründung 1829 bezog diese das Quartier in der Straße „Great Scotland Yard".

Das heutige Hauptgebäude der englischen Verbrechensbekämpfer wird New Scotland Yard genannt. Derzeit arbeiten bei der Metropolitan Police mehr als 33.000 Polizisten. Zum Schutz der englischen Königsfamilie gibt es sogar eine eigene Spezialeinheit, die rund um die Uhr die Königin oder den König bewacht.

Was macht das FBI?

Das berühmte „Federal Bureau of Investigation", kurz FBI genannt, ist die Ermittlungsbehörde für Kriminalität in den USA. Sie wurde 1908 gegründet und hat den Hauptsitz in Washington D. C. Seine Ermittler untersuchen und bekämpfen über 200 verschiedene Formen von Verbrechen, zum Beispiel Drogenhandel, Kunst- und Autodiebstahl oder Wirtschaftskriminalität. Auch für die Spionageabwehr ist das FBI zuständig.

Über 30.000 Mitarbeiter stehen in seinem Dienst, nicht nur in den USA, sondern in 75 internationalen Städten. Will ein amerikanischer Staatsbürger als Spezialagent beim FBI arbeiten, muss er hohe Voraussetzungen erfüllen. Ein abgeschlossenes Hochschulstudium, Berufserfahrung, körperliche Fitness und jede Menge Spezialkenntnisse sind unbedingt notwendig.

Wie arbeitet Interpol?

Versucht ein Verbrecher im Ausland unterzutauchen, kann Interpol (International Criminal Police Organization) oft bei der Fahndung helfen. Diese Internationale Kriminalpolizeiliche Organisation unterstützt die staatsübergreifende Verbrechensbekämpfung in ihren 188 Mitgliedsstaaten. Jeder Mitgliedsstaat hat ein nationales Zentralbüro, in Deutschland befindet es sich beim Bundeskriminalamt in Wiesbaden.

Interpol koordiniert die Polizeiarbeit über die Grenzen hinweg und erforscht neue Formen des Verbrechens. Die internationale Polizeibehörde verfügt insbesondere über verschiedene Datenbanken mit Informationen zu Verbrechern, geraubten Kunstgegenständen, Fingerabdrücken, DNA-Profilen oder gestohlenen Personalpapieren. Ihren Sitz hat die Organisation im französischen Lyon.

Das Hauptquartier von Interpol liegt in Lyon.

Hat Sherlock Holmes tatsächlich gelebt?

Bestimmt hast du schon einmal den Namen Sherlock Holmes gehört. Dahinter verbirgt sich ein sehr berühmter Londoner Privatdetektiv. Er verfügt über ganz besondere Fähigkeiten, wenn es darum geht, einen Kriminalfall aufzuklären. Deshalb sucht auch die Polizei manchmal Rat bei dem schlauen Detektiv.

Doch gab es diesen Sherlock Holmes wirklich? Auch wenn viele Menschen fest davon überzeugt sind und noch heute viele Briefe bei Holmes' Adresse in der Baker Street landen, so handelt es sich lediglich um eine Romanfigur des britischen Autors Arthur Conan Doyle. Der erfand die geniale Spürnase mit dem karierten Mantel, dem Spazierstock und der Pfeife.

Sherlock Holmes

Wofür ist das Bundeskriminalamt zuständig?

Das Bundeskriminalamt (BKA) ist die oberste Polizeibehörde in Deutschland. Es arbeitet sehr eng mit den Landeskriminalämtern der 16 Bundesländer sowie mit internationalen Polizeiorganisationen zusammen. Die Behörde wurde 1951 gegründet und hat ihren Hauptsitz in Wiesbaden, Hessen.

Die Aufgabe des BKA ist die Koordination der Polizeiarbeit in den Landeskriminalämtern. Die Beamten ermitteln auch selbst bei schweren Verbrechen wie Geldwäsche und Menschenschmuggel. Zudem ist das BKA für die Kriminalstatistik in Deutschland zuständig. Daher wissen wir zum Beispiel, dass 2007 nur elf Prozent aller Autodiebstähle aufgeklärt wurden, aber 96,8 Prozent aller Mord- und Totschlagsfälle.

WELCHE PERSONEN WERDEN VON DER POLIZEI BESCHÜTZT?

Die Personenschützer der Polizei und des Bundeskriminalamts haben die Aufgabe, besonders gefährdete Personen an fast jedem Ort und rund um die Uhr zu beschützen. Gefährdet sind beispielsweise Politiker oder Staatsgäste. Um beurteilen zu können, wie viele Beschützer ein Politiker braucht, erarbeitet das Bundeskriminalamt eine Gefährdungseinschätzung.

Professionelle Personenschützer werden speziell ausgebildet. Sie absolvieren unter anderem ein Training mit Schusswaffen und in Selbstverteidigung und Fahrsicherheit. Erkennen kann man die Personenschützer übrigens nicht unbedingt an der Uniform, denn sie tragen meistens Anzüge und versuchen dezent im Hintergrund zu bleiben.

Durch moderne Technik bleiben die Personenschützer in Kontakt.

Wann beginnt ein Polizeikommissar mit den Ermittlungen?

Polizeibeamte sind dazu verpflichtet, alle Straftaten, die ihnen bekannt werden, zu verfolgen. In bestimmten Fällen beauftragt auch das Gericht oder die Staatsanwaltschaft die Polizei damit, Ermittlungen durchzuführen.

Kommissare gibt es zum einen bei der Schutzpolizei. Diese tragen eine Uniform, damit sie gut erkennbar sind. Diese Kommissare arbeiten auf Polizeiwachen und nehmen dort Anzeigen entgegen. Sie fahren mit dem Streifenwagen und kontrollieren den Straßenverkehr oder Personen, die sich seltsam verhalten.

Die Kommissare, die man aus den Fernsehkrimis kennt, sind bei der Kriminalpolizei und tragen keine Uniform, damit sie bei ihren Ermittlungen nicht gleich als Polizisten erkannt werden. Sie arbeiten auch häufiger an ihrem Schreibtisch. Ihre Aufgabe ist es, schwere Kriminalität oder besonders schwierige Fälle zu bearbeiten. Dies kann zum Beispiel eine Erpressung oder ein Bankraub sein.

Warum haben Polizisten Sterne auf den Schultern?

Die Uniformen der Polizisten haben Sterne auf den Schulterklappen. Diese können grün oder blau, silberfarben oder sogar golden sein. Grüne und blaue Sterne zeigen an, dass der Polizist im mittleren Dienst tätig ist. Der gehobene Dienst zeichnet sich durch silberne, der höhere Dienst durch goldene Sterne aus.

Polizisten tragen Sterne auf den Schultern.

Bis zu fünf Sterne können eine Uniform dekorieren. Je mehr Schulterabzeichen ein Beamter hat, desto höher ist sein Dienstgrad. Wer gar keinen Stern hat, ist meist erst Anwärter. Besonders hochrangige Mitglieder der Polizei tragen dagegen zusätzlich noch einen Kranz aus Eichenblättern um ihre Sterne.

Welche Aufgaben hat die Bereitschaftspolizei?

Jedes Bundesland hat unterschiedlich viele Bereitschaftspolizisten. Die Hauptaufgabe der Bereitschaftspolizei ist es, bei Großveranstaltungen wie Demonstrationen oder Fußballspielen für Ordnung zu sorgen. Je größer die Gefahr von gewalttätigen Ausschreitungen ist, desto mehr Beamte sind im Einsatz.

Die Bereitschaftspolizei kann dann auch zusätzlich Kollegen aus anderen Bundesländern anfordern. Manchmal kommt es sogar zu Auslandseinsätzen, zum Beispiel wenn die Staatschefs der führenden Industrienationen in einem Nachbarland zusammenkommen. Zu den Einsatzfahrzeugen der Bereitschaftspolizei zählen unter anderem Wasserwerfer, Lautsprecherwagen, große Lkws, Busse, Geländewagen und Räumfahrzeuge.

Was ist die GSG 9?

Die GSG 9 der Bundespolizei (früher: Grenzschutzgruppe 9) ist eine Spezialeinheit zur Bekämpfung von Terrorismus und schwerer Gewaltkriminalität. Sie besteht aus mehr als 200 Polizeibeamten, die sich vor ihrer Ausbildung einem harten Auswahlverfahren mit vielen Tests stellen müssen.

Die Polizisten der GSG 9 der Bundespolizei nehmen bewaffnete Verbrecher fest und entschärfen Bomben. Außerdem befreien sie Geiseln, die beispielsweise im Ausland von Erpressern verschleppt wurden. Die GSG 9 wird bei Schwerstkriminalität gerufen und übernimmt Einsätze, die für Beamte im Streifendienst zu gefährlich sind. Seit ihrer Gründung 1972 hatte die Spezialeinheit über 1600 Einsätze.

Die Bereitschaftspolizei ist bei Großeinsätzen zur Stelle.

Was macht die Autobahnpolizei?

Es gibt eine Polizeieinheit, die speziell damit beschäftigt ist, unsere Autobahnen zu überwachen. Viele glauben, dass die Autobahnpolizei nur dazu da ist, Schnellfahrer zu überführen und Drängler aus dem Verkehr zu ziehen. Doch das Aufgabengebiet ist viel größer.

Die Autobahnpolizei sorgt für Ordnung auf unseren schnellen Straßen.

Die Autobahnpolizei kontrolliert zum Beispiel, ob Lkw-Fahrer ihre Ladung gut gesichert haben. Außerdem sichern und beseitigen die Polizisten Gefahrenstellen und tragen dazu bei, dass Unfälle vermieden werden. Der Autobahnpolizei stehen unter anderem schnelle Funkstreifenwagen und Motorräder zur Verfügung, aber auch Sonderfahrzeuge wie zivile Videoüberwachungswagen.

? Schon gewusst?

V-Personen (Verbindungs- oder Vertrauenspersonen) sind „freie Mitarbeiter" der Polizei. Sie beliefern diese ständig mit Informationen, sind jedoch nicht bei der Polizei angestellt. Ansonsten ähnelt ihre Tätigkeit der eines verdeckten Ermittlers.

Wofür braucht man verdeckte Ermittler?

Die Polizei und der Zoll dürfen unter bestimmten Bedingungen sogenannte verdeckte Ermittler einsetzen. Das sind Beamte, die nicht in Uniform auftreten und für die Ermittlungen sogar eine neue Identität erhalten. Ihr Einsatz ist nur dann erlaubt, wenn die Aufklärung einer schlimmen Straftat auf andere Weise aussichtslos oder wesentlich erschwert wäre.

Die Undercoveragenten ermitteln hauptsächlich im Rauschgiftmilieu, bei Menschenhandel und in Fällen der Wirtschafts- und Waffenkriminalität. Weil niemand weiß, dass sie Polizisten sind, finden die verdeckten Ermittler leichter Zugang zu kriminellen Hintermännern. Dass dieser Beruf sehr gefährlich ist, kannst du dir sicherlich vorstellen.

KRIMINALISTIK UND SPIONAGE

INTERVIEW

Ein Detektiv berichtet

Detektive beschäftigen sich nicht nur mit der Verfolgung von Personen, sondern auch mit Wirtschaftsspionage, Produktfälschungen und Personalangelegenheiten. Über den spannenden Beruf des Detektivs erzählt uns Jochen Meismann (47 Jahre), verheiratet, zwei Kinder. Er ist Geschäftsführer von „A Plus Detektive" und hat 28 Jahre Berufserfahrung.

Warum sind Sie Detektiv geworden?

Weil es Spaß macht. Bei mir war die Sache ganz klar, denn mein Vater ist auch Detektiv, so bin ich damit aufgewachsen. Der Apfel fällt nicht weit vom Stamm. Allerdings sind die meisten Detektive Quereinsteiger. Sie haben vorher bei der Polizei oder beim Nachrichtendienst gearbeitet.

Ein Detektiv – dem Verbrechen auf der Spur

Wie alt muss man sein, um Detektiv zu werden?

Mindestens 18 Jahre alt, denn dann kann man den Führerschein machen. Am besten noch um einiges älter, denn die Erfahrung, gerade beim Autofahren, ist sehr wichtig. Bei mir war es allerdings so, dass ich schon mit 14 Jahren meinem Vater als Lockvogel geholfen habe.

Wie werde ich Detektiv?

Ich empfehle die Ausbildung bei der ZAD, das ist die Zentralstelle für die Ausbildung im Detektivgewerbe. Dort kann man sich ab 21 Jahren im Blockunterricht ausbilden lassen und das parallel zur Arbeit in einer Detektei. Am Ende bekommt man ein Zertifikat als geprüfter Detektiv. Diese Ausbildung ist kostenpflichtig.

Wie sieht ein „normaler" Arbeitstag aus?

Es gibt keine normalen Tage, denn jeder Tag bringt neue und unterschiedliche Aufgaben. Ich bin jetzt Geschäftsführer, da sitze ich schon häufiger im Büro. Aber der Detektivalltag hängt immer von den

Von seinem Versteck aus beobachtet der Detektiv die Zielperson.

INTERVIEW

Detektive müssen bei ihren Ermittlungen unerkannt bleiben.

meine Kollegen und ich Straftäter gestellt. Es ist immer aufregend, wenn die Zielpersonen sich bewegen und wir dranbleiben müssen.

Was macht Ihnen bei Ihrer Arbeit am meisten Spaß?

Der Erfolg, wenn es mir gelingt, Personen zu überführen. Wir haben es ja mit Betrügern zu tun, die anderen nichts Gutes wollen. Es macht einfach Spaß, Angelegenheiten aufzuklären. Außerdem ist der Beruf sehr abwechslungsreich. Es gibt täglich neue Herausforderungen, man muss sich stets fortbilden und sehr einfallsreich sein. Wir sind auch sehr gute Schauspieler.

Hat Ihre Familie manchmal Angst um Sie?

Nein. Wir begeben uns auch nicht in Gefahrensituationen und wir tragen keine Waffen wie die Detektive im Fernsehen. Wir ermitteln meist im Verborgenen. Was höchstens einmal vorkommt, ist, dass ein Auto zu Schaden kommt, wenn der Fahrer noch unerfahren ist.

Zielpersonen ab, die beobachtet werden. Man weiß nie, wie lange die Beobachtung dauert oder wohin der Weg geht. Ich habe zum Beispiel einmal erlebt, wie die Verfolgung morgens im Ruhrgebiet losging und abends in den Alpen auf dem Gletscher endete. Es ist eine große Leistung, über 1000 Kilometer unerkannt „dranzubleiben". Man weiß nie, wie ein Tag endet. Das ist natürlich auch nur möglich, wenn die Familie voll hinter einem steht und einen unterstützt.

Was war Ihr aufregendster Fall?

Einmal habe ich einen ausgebüchsten Jungen auf Mallorca gefunden und wieder nach Hause gebracht. Er war 17 Jahre alt und mit dem Sparbuch seiner Oma davongelaufen. Es war sehr schwierig, ihn zu finden, denn Mallorca ist sehr groß. Als ich ihn endlich gefunden hatte, konnte ich ihn überzeugen, mit mir nach Deutschland zurückzufahren. Da war ich sehr erleichtert. Ein anderes Mal haben

Wie arbeitet ein Suchtrupp?

Um eine Person in einem Gelände zu finden, sind je nach Größe dieses Geländes sehr viele Polizisten im Einsatz und bilden einen Suchtrupp. Gemeinsam durchsuchen sie jeden Schlupfwinkel, um zum Beispiel das Versteck eines Verbrechers in einem Getreidefeld oder ein vermisstes Kind in einem Waldstück zu entdecken. Häufig werden dabei auch Wärmebildkameras benutzt oder Spürhunde eingesetzt.

Für eine Suche auf besonders großen Gebieten sind Hunde nicht geeignet, denn sie sind immer nur für kurze Zeit einsatzfähig. Dann kommen oft Hubschrauber zum Einsatz, mit denen die Polizeibeamten das gesamte Gelände überfliegen. So haben sie eine bessere Übersicht.

Was lag auf Alcatraz?

Die wohl berüchtigtste Strafanstalt der USA befand sich auf der Insel Alcatraz in der Bucht von San Francisco. Bereits im 19. Jahrhundert wurden dort Kriegsgefangene im Militärgefängnis eingesperrt. Bekanntheit erlangte Alcatraz, als dort 1934 ein Hochsicherheitsgefängnis eingerichtet wurde. Bis 1963 waren hier die gefährlichsten Verbrecher der USA inhaftiert, zum Beispiel Al Capone.

Die isolierte Lage, das eiskalte Meerwasser und die gefährlichen Strömungen der See machten Fluchtversuche nahezu hoffnungslos. Geschlossen wurde das Zuchthaus wegen der hohen Unterhaltskosten und weil das Salzwasser die Gefängnismauern beschädigte. Heutzutage ist die Insel ein beliebter Naturpark. Neben dem Gefängnismuseum sind brütende Seevögel eine Hauptattraktion.

War das Gefängnis auf Alcatraz wirklich ausbruchssicher?

Immer wieder versuchten inhaftierte Häftlinge, aus dem Hochsicherheitsgefängnis auf Alcatraz auszubrechen. Insgesamt gab es 14 Fluchtversuche. Einige der Verbrecher wurden jedoch innerhalb weniger Stunden wieder gefangen genommen, andere erschossen und von fünf hat man nie wieder etwas gehört.

1962 ereignete sich ein besonders spektakulärer Fluchtversuch, der sogar verfilmt wurde: Eines Nachts verschwanden drei Männer aus ihren Zellen. Sie gruben einen Tunnel durch die vom Salzwasser zerfressenen Gefängnismauern und verließen mit selbst gebauten Schlauchbooten aus Regenmänteln die Insel. Später fand man Teile der Boote an Land – von den drei Männern fehlte allerdings jede Spur.

Das Hochsicherheitsgefängnis ist von Wasser umgeben und galt als ausbruchssicher.

Woraus besteht Panzerglas?

Dass Glas sehr zerbrechlich ist, hast du sicherlich selbst schon einmal festgestellt. Doch es gibt auch spezielles Sicherheitsglas, das nicht einmal durch einen Pistolenschuss kaputtgeht. Fensterscheiben von Banken und Geschäften sowie die Scheiben in Autos von Politikern oder Stars sind meist aus Panzerglas.

Dieses besteht aus mehreren Schichten Glas, zwischen denen sich jeweils eine Folie aus Kunststoff befindet. Das Glas und die Folie werden in einem Spezialbehälter unter großer Hitze und hohem Druck verschmolzen. Es gibt verschiedene Stärken dieses Sicherheitsglases: durchwurf-, durchbruch- und sprengsicher. Schließlich soll es vor Überfällen, Einbrechern und Anschlägen schützen.

Wie funktioniert eine Alarmanlage?

Früher hielten sich die Menschen Hunde, um ihr Haus zu bewachen. Bei einer drohenden Gefahr bellen diese laut und schrecken somit Bösewichte ab. Heute schützen viele Leute ihren Besitz mit einer elektrischen Alarmanlage.

Es gibt verschiedene Arten solcher Sicherungssysteme. Die meisten Anlagen verwenden Bewegungsmelder, Lichtschranken oder Magnete. Diese melden, wenn eine Person unbefugt den überwachten Raum betritt – egal, ob durch Tür, Fenster oder Dach. Daraufhin reagiert der Alarmgeber meist mit einem hör- oder sichtbaren Signal, zum Beispiel mit einer lauten Sirene oder einer blinkenden Lampe. Insbesondere bei Banküberfällen wird ein Signal direkt an die Polizei gemeldet, ohne dass der Täter das bemerkt.

Ein Panikraum bietet Schutz im eigenen Haus.

Was ist ein Panikraum?

Menschen, die sehr reich sind und viele wertvolle Dinge besitzen, sind oft besorgt um ihre Schätze und Kostbarkeiten. Weil sie Angst davor haben, Opfer eines Raubüberfalls oder Attentats zu werden, lassen sich diese Leute in ihrem Haus, ihrer Wohnung oder ihrem Büro einen sogenannten Panikraum einbauen.

Das ist ein geheimer Raum, also eine Art privater Bunker, der von außen nicht sichtbar ist. Zur Ausstattung gehören zum Beispiel eine gepanzerte Tür und Stahlwände. Zusätzlich dazu gibt es ein Telefon, mit dem die Personen im Notfall die Polizei alarmieren können. Meist sind auch Überwachungskameras angebracht, über die man mögliche Einbrecher beobachten kann.

Viele Gebäude sind mit einer Alarmanlage gesichert.

Wozu dienen PIN-Codes?

Sicherlich hast du schon einmal beobachtet, wie jemand eine Zahlenkombination in einen Geldautomaten eingegeben hat. Das ist die persönliche Identifikationsnummer, auch PIN-Code genannt. Man benötigt sie zum Beispiel, um mit seiner Bankkarte Geld vom Konto abzuheben.

Diese geheime Nummer, die meistens aus vier Ziffern besteht, verhindert, dass ein Fremder oder ein Dieb mit der Bankkarte Missbrauch treibt. Wird der Zifferncode dreimal falsch eingegeben, zieht der Geldautomat üblicherweise die Karte ein. Die PIN, die zu einer Bankkarte passt, wird in der Regel vom Geldinstitut durch ein Zufallsverfahren bestimmt. Ebenso besitzen viele Mobiltelefone PIN-Codes, damit das Telefon vor unberechtigten Nutzern sicher ist.

Nur mit dem richtigen PIN-Code klappt die Zahlung.

Wie funktioniert eine Sicherheitsschleuse?

Banken, wichtige Forschungseinrichtungen und viele Verwaltungen schützen sich gegen Eindringlinge durch sogenannte Sicherheitsschleusen. Davon gibt es verschiedene Arten. Gemeinsam ist den meisten, dass sie zwei Türen haben, die nicht gleichzeitig geöffnet werden können.

Die Außentür lässt sich mittels Magnetkarten, durch Zahlenkombinationen oder Ähnliches von befugten Personen aufmachen. Erst wenn die Außentür geschlossen ist, geht die Innentür auf. Manche Schleusen benutzen auch Fingerabdrücke und andere biometrische Verfahren. Besonders sichere Schleusen testen sogar mittels Sensoren, ob sich nicht unerlaubterweise eine zweite Person Zutritt verschafft.

Wie wird am Flughafen das Handgepäck kontrolliert?

Bevor man in ein Flugzeug einsteigen darf, wird erst das Handgepäck auf gefährliche und verbotene Gegenstände untersucht. Das erfolgt mit einem Gepäckscanner. Das Gepäck wird auf ein Förderband gelegt, das durch ein Röntgengerät läuft. Die Röntgenstrahlen durchdringen das Gepäckstück und treffen auf einen darunterliegenden Detektor.

Bevor das Handgepäck im Flugzeug verstaut werden darf, wird es am Flughafen kontrolliert.

Auf einem Monitor erscheint nun das Durchstrahlungsbild, das von einem geschulten Kontrolleur ausgewertet wird. Findet dieser etwas Verdächtiges, wird das Bordgepäck geöffnet und durchsucht. Auch Fluggäste müssen sich einer Sicherheitskontrolle unterziehen. Üblicherweise treten sie durch ein Tor, das mit Metalldetektoren versehen ist.

Wie kann eine Weste schusssicher sein?

Ist ein Polizist in einem gefährlichen Einsatz, trägt er mit hoher Wahrscheinlichkeit eine Schutzweste. Diese soll ihn bei Beschuss vor lebensbedrohlichen Verletzungen schützen. Wie funktioniert diese sogenannte ballistische Schutzweste? In ihrem Inneren befinden sich Kunstfasern mit sehr hoher Festigkeit. Trifft eine Kugel auf die Weste, leiten die Kunstfasern die tödliche Aufprallenergie auf die benachbarten Fasern weiter, sodass der Mensch selbst geschützt bleibt.

Die übliche Schutzweste von Polizisten wiegt etwa zwei bis drei Kilogramm. Sonderkommandos und Soldaten tragen oft Westen, die sogar Gewehrmunition abhalten. Dafür werden Metall oder andere harte Materialien in die Weste eingearbeitet, die dann bis zu 15 Kilogramm wiegen kann.

Polizisten im Einsatz schützen sich mit einer schusssicheren Weste.

Wie macht man Dokumente fälschungssicher?

Um ein wertvolles Dokument vor Fälschungen zu schützen, gibt es eine Vielzahl von Möglichkeiten. Die häufigsten Verfahren sind Wasserzeichen und der Einsatz einer besonderen Papiersorte. Hologramme – das sind dreidimensionale Abbilder – und Kinegramme, also Bilder, die Größe und Farbe je nach Lichteinfall ändern, werden ebenso oft verwendet. Auch der Gebrauch von speziellen Farben, die zum Beispiel nur unter UV-Licht zu sehen sind, ist sehr beliebt.

Welcher Fälschungsschutz gewählt wird, kommt immer auf die Art des Dokuments an. Bei Banknoten wird üblicherweise zusätzlich noch ein Sicherheitsfaden in das Papier eingewoben. Bei Tickets für Konzerte hingegen ist gelegentlich ein Strichcode zu finden, der bei der Kartenkontrolle eingescannt wird.

? Schon gewusst?

Im deutschen Reisepass werden seit Herbst 2007 neben den persönlichen Daten des Inhabers auch zwei Fingerabdrücke und das Gesichtsbild auf einem elektronischen Chip gespeichert. Das sind biometrische Angaben oder Merkmale, die bei jedem Menschen einmalig sind und daher als fälschungssicher gelten.

KRIMINALISTIK UND SPIONAGE

Was ist ein Wasserzeichen?

Betrachtet man einen Eurogeldschein im Gegenlicht, erkennt man ein sogenanntes Wasserzeichen, das sonst nicht zu sehen ist. In diesem Falle handelt es sich um die Wertzahl der Banknote und das Architekturmotiv. Doch wie kommt dieses Sicherheitsmerkmal in die Banknote?

Ein Wasserzeichen bestätigt die Echtheit eines Geldscheins.

Wasserzeichen entstehen bei der Papierherstellung, indem man das Papier an der entsprechenden Stelle mithilfe einer Walze bearbeitet. Dadurch wird das Papier dort lichtdurchlässiger. Auch Briefmarken und hochwertiges Schreibpapier weisen oft Wasserzeichen auf.

Wozu braucht man einen Safe?

Wer Gold, wertvollen Schmuck, hohe Bargeldbeträge oder wichtige Dokumente vor Diebstahl oder Feuer schützen möchte, schließt sie am besten in einen Safe. Das ist ein Sicherheitsschrank aus Stahl, der mit einem oder mehreren Zahlen- oder Schlüsselschlössern verriegelt ist.

Einen solchen Tresor kann sich jeder in seine Wohnung stellen oder in die Wand einmauern lassen. Bei Kreditinstituten besteht die Möglichkeit, sich ein Schließfach zu mieten. Hundertprozentige Sicherheit kann aber selbst ein Tresor nicht liefern. Geübte Einbrecher können ihn aufbohren, mit Sprengstoff knacken oder heimlich Schlüssel oder Zahlencodes entwenden. Zum Glück kommt das nur sehr selten vor.

! Probiers aus!

Weißt du, wie man eine Nachricht als Wasserzeichen erstellen kann? Tauche ein Blatt Papier in Wasser und lege es auf den Tisch. Lege dann ein trockenes Blatt Papier darüber und schreibe mit einem Bleistift etwas darauf. Die Schrift drückt auf das nasse Blatt durch und wird unsichtbar, wenn es trocknet. Willst du die Nachricht wieder lesen, tauchst du das Papier erneut in Wasser.

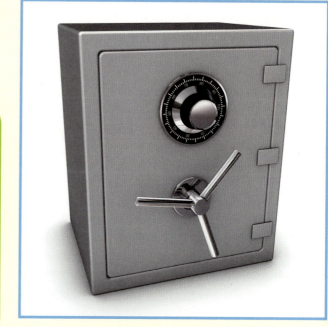

Wer kann den Safe knacken?

Wie wird das Gold in Fort Knox bewacht?

Fort Knox im US-Bundesstaat Kentucky gilt als das am sichersten bewachte Golddepot der Welt. Dort wird der Großteil der offiziellen Goldreserven der USA verwahrt. Das Depot befindet sich auf dem Gelände einer Militärbasis und wird rund um die Uhr von Panzern, schwerer Artillerie und Kampfhubschraubern bewacht.

In Fort Knox lagern 4500 Tonnen Gold.

Die Eingangstür zum Tresorraum wiegt über 20 Tonnen. Sie wird durch unterschiedliche Zahlenkombinationen geschützt, die jeweils verschiedenen Angestellten bekannt sind. Besucher sind aus Sicherheitsgründen nicht zugelassen. Hier lagern ungefähr 4500 Tonnen Gold, doch 1941 waren es sogar mehr als 20.000 Tonnen.

Wer kann sich von einem Leibwächter beschützen lassen?

Die Dienste von privaten Bodyguards oder Leibwächtern können von jedem Menschen in Anspruch genommen werden, allerdings kosten sie auch Geld. Wenn man kein Politiker ist, der staatlichen Personenschutz genießt, muss man aus eigener Tasche dafür bezahlen. Viele Schauspieler oder Popstars haben zum Beispiel einen Bodyguard, der sie vor zu aufdringlichen Fans abschirmt.

Der Beruf der sogenannten Personenschutzfachkraft kann in einem Lehrgang mit anerkanntem Abschluss erworben werden. Dafür muss man nicht nur körperlich belastbar sein, sondern ebenso Einfühlungsvermögen und gute Manieren besitzen.

Was ist das Zeugenschutzprogramm?

Es kann vorkommen, dass eine Person ein schlimmes Verbrechen beobachtet hat, zum Beispiel einen Überfall. Diese Person kann dann als Zeuge auftreten und gegen den Täter vor Gericht aussagen. Wenn die Gefahr besteht, dass der Verbrecher dem Zeugen deshalb etwas antut, kann die Polizei den Zeugen deshalb verstecken, meist in einer anderen Stadt.

Er erhält eine neue Identität, das heißt einen neuen Namen und andere Ausweispapiere. So kann der Verbrecher die Person nicht finden, bevor sie dem Richter schildert, was sie gesehen hat. Mithilfe der Zeugenaussage wird der Täter dann verurteilt und muss ins Gefängnis.

Welches Geheimnis hütet die Sphinx?

In der griechischen Mythologie war die Sphinx ein geflügelter Löwe mit Frauenkopf. Sie lebte vor den Toren der Stadt Theben und stellte allen vorbeikommenden Reisenden ein Rätsel. Wer die Frage nicht beantworten konnte, wurde grausam erwürgt und dann verschlungen.

Auch im alten Ägypten gab es eine Sphinx. Dort hatte das Mischwesen die Gestalt eines Löwen mit Männerkopf. Bestimmt hast du schon einmal eine solche Statue gesehen. Sie diente als Wächterfigur vor Tempeln und stellte einen König oder Pharao dar.

Eine griechische Sphinx

Was war das Orakel von Delphi?

In der antiken griechischen Stadt Delphi gab es immer eine Orakelpriesterin, die sogenannte Pythia. Sie galt als eine Art Mittlerin, die Botschaften des Gottes Apollo empfangen und an die Menschen weitergeben konnte. Deshalb reisten viele Ratsuchende nach Delphi, um die Hilfe der Priesterin zu erbitten.

Für eine entsprechende Gebühr wurden die Menschen vorgelassen und durften eine Frage an Apollo richten. Die Pythia lauschte den Fragen und gab dann eine Antwort, die sie angeblich von Apollo empfangen hatte. Die Antworten der Priesterin waren meist nur ein wildes Gestammel, das andere anwesende Priester zu deuten versuchten. Während die Priesterin ihre Prophezeiungen von sich gab, saß sie über einer Erdspalte und war umgeben von duftenden Dämpfen.

Was ist die Büchse der Pandora?

In der griechischen Mythologie heißt es, dass die Welt ein glücklicher, friedlicher und angenehmer Ort war, bis die Büchse der Pandora geöffnet wurde. Sie war ein Geschenk des Göttervaters Zeus an eine Frau namens Pandora. Er verbot ihr, das Gefäß zu öffnen.

Wer die Büchse schließlich doch aufmachte – Pandora oder ihr Mann –, weiß man nicht. Aber mit dem Öffnen des Gefäßes kam alles Schlechte und Böse auf die Welt. Als Pandora die Büchse noch ein zweites Mal öffnete, wurden die Menschen mit Hoffnung erfüllt. Heute bedeutet der Ausspruch „Die Büchse der Pandora öffnen", dass man etwas schlechtes in Gang gebracht hat, das man nicht mehr aufhalten kann.

Welche unglaublichen Fähigkeiten besaß der oberste Gott der alten Griechen?

Im antiken Griechenland gab es zahlreiche Götter. Sie hatten zwar alle Menschengestalt, galten aber als unsterblich. Jeder Gott war für einen anderen Bereich des Lebens zuständig. Der Herrscher über alle Götter und Menschen hieß Zeus.

Die Griechen glaubten, dass Zeus so etwas wie ein Wettergott war, der Blitze als Waffen einsetzte. Außerdem konnte er sich verwandeln: Er erschien in Tiergestalt als Schwan oder Stier oder auch als goldener Regen. Die griechischen Götter wurden übrigens teilweise auch von den Römern übernommen. Dort hatten sie aber andere Namen: Der Göttervater hieß Jupiter.

Der Göttervater Zeus konnte alle möglichen Gestalten annehmen.

Wer verbarg sich im Trojanischen Pferd?

Einer Sage nach belagerten die Griechen zehn Jahre lang die Stadt Troja, die als sichere Festung galt. Erst mithilfe eines großen Holzpferdes, dem Trojanischen Pferd, gelang es ihnen, die von Stadtmauern geschützte Stadt zu erobern.

Die Griechen täuschten den Trojanern vor, den Krieg beenden zu wollen, indem sie ihnen ein hölzernes Pferd schenkten. Was die Bewohner Trojas nicht wussten: Im Bauch des Pferdes befanden sich griechische Krieger, die in der Nacht aus ihrem Versteck kamen. Sie öffneten die Stadttore und holten ihre Armee zu Hilfe. Durch diese List wurde Troja erobert.

Nur mithilfe des Trojanischen Pferdes konnten die Griechen Troja erobern.

Von was erzählt die Lieder-Edda?

Die Lieder-Edda ist eine alte isländische Sammlung von Götter- und Heldenliedern aus dem 8. bis 11. Jahrhundert. Sie gibt einen guten Einblick in die nordische Mythologie. Das erste Lied der Edda, die Völuspa, handelt beispielsweise von einer geheimnisvollen Seherin. Diese berichtet von der Entstehung und dem Untergang der Welt.

Allein die Völuspa hat mehr als 60 Strophen. Von wem die einzelnen Lieder stammen, ist leider nicht bekannt. Neben der Lieder-Edda gibt es noch die Prosa-Edda, die vom isländischen Gelehrten Snorri Sturluson (1179–1241) verfasst wurde. Sie war als Lehrbuch für Dichter gedacht, enthält aber auch spannende Geschichten über Götter.

Deckblatt einer Edda-Abschrift

MYTHEN UND RELIGIONEN

MYTHEN UND RELIGIONEN

Warum war Siegfried unverwundbar?

Der Held Siegfried ist eine Figur aus verschiedenen germanischen Sagen, vor allem bekannt aus der Nibelungensage. Diese entstand Anfang des 13. Jahrhunderts. Dem Helden werden übermenschliche Kräfte zugesprochen.

Mit seinem Schwert Balmung tötete er den Lindwurm Fafnir, das ist eine Art Drache. Anschließend badete Siegfried im Blut des Ungeheuers und wurde dadurch unverwundbar. Da eine Stelle zwischen seinen Schultern wegen eines Blatts nicht mit Drachenblut benetzt wurde, war er dort verwundbar. Genau dort traf Siegfried ein Speer, woraufhin er starb.

Was ist der Heilige Gral?

Der Heilige Gral ist ein geheimnisvoller Gegenstand, der in der mittelalterlichen Dichtung auf ganz unterschiedliche Weise beschrieben wurde. Mal ist der Gral ein Stein mit wunderbaren Kräften, mal ein Gefäß in Form einer Schüssel oder eines Kelches. Glück auf Erden und im Himmel sollte derjenige erfahren, der ihn fände. Deshalb begaben sich viele Glücksjäger auf die Suche nach ihm.

Einer von ihnen war Lanzelot, der berühmte Ritter aus König Artus' Tafelrunde. Doch er bekam den Gral nicht zu sehen. Finden konnte ihn nämlich nur, wer rein von Sünden war. Das traf aber auf den tapferen Ritter nicht zu, denn er liebte verbotenerweise Guinevere, die Gemahlin des Königs.

Wer war Merlin, der Zauberer?

Merlin ist eine Gestalt der keltischen Mythologie und der Artussage. Wahrscheinlich wurde er von dem Gelehrten Geoffrey von Monmouth (etwa 1100–1155) erfunden. Dieser erwähnte ihn in seiner Geschichte der britischen Könige 1136. Merlin war demnach ein großer, mächtiger Zauberer. Er soll König Artus zur Macht verhelfen und sogar den magischen „Tanz der Steine", ein berühmtes Bauwerk, auch Stonehenge genannt, errichtet haben.

Sein Leben endete durch eine schöne Jungfrau von der Insel Avalon. Sie lockte ihn durch verführerische Worte unter einen großen Stein und sperrte ihn ein. Später wurde dieses Grab, bekannt als „Merlins Stein", zum Treffpunkt der Ritter der Tafelrunde. Von dort aus brachen sie zu ihren Abenteuern auf.

Gab es den Zauberer Merlin wirklich?

Gab es König Artus wirklich?

Der Legende nach wurde Artus vom mächtigen Zauberer Merlin aufgezogen. Da er als zukünftiger König der Briten auserwählt war, konnte er schon als Jugendlicher ein riesiges Schwert aus einem Stein ziehen. Sein Schloss trug den Namen Camelot. Dort versammelten sich die tapfersten und edelsten Krieger des Landes, die Ritter der Tafelrunde. Er heiratete die schöne Guinevere gegen den Rat Merlins. Diese verliebte sich in Lanzelot, Artus' besten Ritter, und schon bald brachte die verbotene Liebe dem Königreich den Untergang.

Wer genau Artus war, ist nicht geklärt. Man nimmt an, dass er ein britannischer Heerführer war, der sein Land gegen die Angeln und Sachsen verteidigte und in diesem Kampf 537 fiel. Gleich mehrere Orte in England behaupten, Artus' Bestattungsort zu sein.

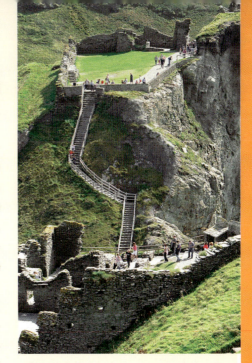

Tintagel Castle steht in der Region Cornwall, in der König Artus geboren worden sein soll.

? Schon gewusst?

Sagengestalten sind Fantasiewesen. Sie können tierähnlich oder menschenartig sein und haben darüber hinaus häufig übernatürliche Fähigkeiten. Oft sind sie auch eine Mischung aus Mensch und Tier. So hat zum Beispiel eine Meerjungfrau den Oberkörper einer ganz normalen Frau und den Unterleib eines Fischs.

Welche Zauberkräfte hat das Einhorn?

In den Sagen wird das Einhorn meist als ein dem Pferd ähnliches Wesen beschrieben. Sein besonderes Merkmal ist das gedrehte Horn. Es sitzt auf der Stirn und kann bis zu einem halben Meter lang werden.

Das Horn dient dem schönen und sanften Fabelwesen nicht nur als Waffe zur Verteidigung, es besitzt auch Heilkräfte und soll vergiftetes Wasser reinigen können. Die im Wald lebenden Einhörner stehen für das Gute. Sie haben eine gewaltige Kraft, sind rein und anmutig, aber auch sehr scheu.

Einhörner sind Fabelwesen mit magischen Kräften.

MYTHEN UND RELIGIONEN

RÄTSEL

Ratespaß

Detektive und Agenten müssen nicht nur körperlich fit sein, sondern auch geistig. Um auch deine grauen Zellen zu trainieren, löse die folgenden Rätsel und Denkaufgaben.

Rätsel 1
Frank ist zu Gast im Heiligen Land und möchte sich einen Liter Salzwasser aus dem Toten Meer stibitzen. Er hat jedoch nur einen Fünflitereimer und eine Zweiliterschale dabei, um sein flüssiges Souvenir abzumessen. Wie geht er am besten vor?

Hilf Frank auf die Sprünge!

Rätsel 2
Auf einem Hünengrab sitzen fünf Krähen. Es kommt ein Jäger und erschießt eine davon mit seiner laut knallenden Flinte. Wie viele Krähen befinden sich noch auf dem Grab?

Rätsel 3
Al Capone sitzt in seiner Zelle im Hochsicherheitsgefängnis Alcatraz. Heimlich konnte er eine Zigarette, eine Kerze und ein Streichholz einschmuggeln. Was soll er als Erstes anzünden?

Rätsel 4
Der Archäologe Schmidt macht mit seiner Frau und seinen beiden Kindern Urlaub in Italien. Die ganze Familie möchte sich die Überreste der verschütteten Stadt Pompeji ansehen. Für den Eintritt zu den antiken Ruinen zahlen sie insgesamt 30 Euro. Der Eintrittspreis für die Erwachsenen ist doppelt so hoch wie derjenige für die Kinder. Wer zahlt wie viel?

Rätsel 5
In dem 400 Quadratmeter großen Teich im Burggarten des Dornröschenschlosses hat sich eine bisher unbekannte Wasserpflanze angesiedelt. Das Gewächs verdoppelt sich blitzschnell innerhalb eines Tages. Nach sieben Tagen ist der Teich komplett mit der mysteriösen Pflanze bedeckt. Wann war in dem kleinen See noch die Hälfte des Wassers zu sehen?

Kannst du das Rätsel um das Dornröschenschloss lösen?

Rätsel 6
Welcher Mann kann nicht hören, sehen, riechen, schmecken und fühlen?

Lösung 1: Er füllt die Zweiliterschale mit Wasser und schüttet den ganzen Inhalt in den Eimer. Dann wiederholt den Vorgang. Anschließend füllt er die Schale zum dritten Mal und gießt das Wasser in den Eimer, bis dieser ganz voll ist. Der Rest Wasser in der Schale ist genau ein Liter.
Lösung 2: Rein theoretisch alle fünf. Aber durch das laute Schießgeräusch fliegen die vier lebenden Krähen davon, nur die getroffene bleibt auf dem Stein zurück.
Lösung 3: Das Streichholz zündet er zuerst an. Damit kann er die Kerze und die Zigarette anzünden.
Lösung 4: Vater und Mutter zahlen jeweils zehn Euro, die Kinder jeweils fünf Euro.
Lösung 5: Am vorletzten, also am sechsten Tag.
Lösung 6: Der Schneemann

MUSS MAN VOR DRACHEN ANGST HABEN?

In den Mythologien der europäischen Völker steht der Furcht einflößende Drache für das Böse, denn er verkörpert eine gottesfeindliche Macht. Er ist eine Mischung aus Echse und Schlange, hat aber Flügel ähnlich wie ein Vogel. Außerdem kann das Ungeheuer Feuer spucken und damit seine Gegner in die Flucht schlagen.

Ganz anders sehen die Chinesen den Drachen. Für sie ist die Fantasiegestalt ein Glückssymbol. Es heißt, dass die chinesischen Kaiser nach ihrem Tod auf einem Drachen in den Himmel emporstiegen.

Ein Furcht einflößender Drache

Was sind Feen?

Feen sind nach romanischen und keltischen Volkssagen mit besonderen Kräften ausgestattete Fabelwesen. Meist handelt es sich um Frauen. Sie werden als fröhlich, wunderschön und immer jung beschrieben.

Feen können plötzlich auftauchen und wieder verschwinden oder sich unsichtbar machen, wenn sie wollen. Menschen erhalten durch sie besondere Fähigkeiten, denn Feen sind auf magische Weise mit der Natur verbunden. Sie leben auf Wiesen und in Wäldern, in den Bergen und im Wasser. Aber: Wenn man Feen kränkt, können sie ärgerlich werden und tun nichts Gutes mehr. Feen sind oft Bestandteil von Märchen, zum Beispiel die 13. Fee, die nicht eingeladen ist und deshalb Dornröschen den Tod wünscht.

In Island lebt der Glaube an Elfen weiter.

Was sind Elfen?

Unter dem Begriff Elfen, auch Alben oder Elben genannt, sind mehrere Fabelwesen aus der Mythologie und Literatur zusammengefasst. Sie sind Lichtgestalten oder Naturgeister, die ursprünglich aus der nordischen Mythologie stammen.

So kommen in der Snorra-Edda – das war ein Lehrbuch für Dichter im mittelalterlichen Skandinavien – Licht- und Schwarzalben vor, wobei Erstere freundlich, Letztere bösartig sind. Der Begriff Albtraum rührt von der Annahme her, dass ein Alb den Menschen im Schlaf die Luft abdrückt. In Island ist der Glaube an Elfen sehr verbreitet. Sogar beim Straßenverkehr wird auf Elfen Rücksicht genommen. Für Touristen gibt es Elfen-Touren und richtige Elfen-Forscher.

MYTHEN UND RELIGIONEN

Wo leben Trolle?

In Norwegen, Schweden und Island ist der Volksglaube an Trolle weitverbreitet. Auch Trold oder Tröll genannt, stehen sie in der nordischen Mythologie für Unholde und Zauberwesen. Sie sind, im Gegensatz zu den weiblichen Fabelwesen, oft Unheil bringende Riesen oder Zwerge.

Das findet sich auch im Kunsthandwerk: Holzgeschnitzte Trolle sind in den nordischen Ländern als Souvenirs beliebt. Sie werden als bucklig, stämmig und mit einer Hakennase dargestellt. In Schweden gibt es auch weibliche Trolle. Sie leben der Sage nach im Wald. In Island genießt der Troll dagegen einen guten Ruf und ist mit Elfen und Feen vergleichbar.

Was sind Kobolde?

Kobolde sind Hausgeister, die einerseits Haus und Hof beschützen und Wohlstand bringen, andererseits aber auch gerne Schabernack mit deren Bewohnern treiben. Laut Volksglauben sollte man ihnen über Nacht eine Schale Milch auf den Dachboden oder vor die Tür stellen, um sie bei guter Laune zu halten.

Vielen Überlieferungen nach werden sie als klein beschrieben. Sie tragen Kleidung, laufen aber meist barfuß herum. Mythologisch zählen Kobolde zu den Elfen, ebenso wie der Klabautermann, der als der „Kobold des Schiffs" bezeichnet wird. Aber auch Nixen, Zwerge, Wichtel, Waldmännlein oder Landwichte sind wie Kobolde elbische Naturgeister.

Eine Schale mit Milch soll Kobolde friedlich stimmen.

Geisterspuk

Gibt es Geister?

Im Volksglauben ist ein Geist meistens ein körperloses, mit übernatürlichen Fähigkeiten versehenes Wesen. Geister spuken meistens um Mitternacht. Oft sind sie mit Nebel umgeben, durchscheinend oder in menschlicher Gestalt in weißem, wallendem Gewand.

Häufig sind Geistererscheinungen auf Sinnestäuschung zurückzuführen, manchmal handelt es sich aber auch um Betrug. So gab es 1982 wochenlang Berichte über eine Geisterstimme in einer Zahnarztpraxis. Schließlich kam heraus, dass alles nur vorgetäuscht war. Einen naturwissenschaftlichen Beweis für die Existenz von Geistern gibt es nicht.

? Schon gewusst?

Geisterjäger suchen nach sogenannten paranormalen Aktivitäten. Das sind Phänomene wie Klopfgeräusche, Stimmen und Spuk, die von Geistern ausgehen sollen. Dabei sammeln sie Daten mit wissenschaftlichen Methoden und mit Ausrüstungsgegenständen wie Videokameras, Fotoapparaten, Audiorekordern und verschiedenen Messgeräten.

Gibt es Spukschlösser?

Alte, britische Gemäuer scheinen Geister magisch anzuziehen. Immer wieder hören Besucher des schottischen Schlosses Penkaet unheimliche Geräusche wie Stöhnen und Schritte in der Nacht. Ähnliches geht auch im englischen Muncaster Castle vor sich. Dort hören die Besucher nachts unheimliche Schritte, Schreie und einige sehen sogar seltsame Erscheinungen. Handelt es sich wirklich um Geisterspuk?

Einige Wissenschaftler suchen nach plausiblen Erklärungen und führen diese Phänomene auf außergewöhnlich starke Magnetfelder zurück. Andere glauben, dass der psychologische Zustand des Menschen eine große Rolle spielt, also zum Beispiel, ob der Betreffende an einer Krankheit leidet. Trotz dieser Vermutungen konnte bisher keine eindeutige wissenschaftliche Erklärung dafür gefunden werden.

Was ist eine Geisteraustreibung?

In fast allen Kulturen gibt es Menschen, die an Geister glauben. Nicht immer empfinden die Menschen dies als angenehm, besonders wenn sie sich von Geistern bedroht oder gar verfolgt fühlen. Dann versuchen sie, die ungebetenen Gäste zu vertreiben.

Dazu setzen sie Mittel wie Zaubersprüche, Worte aus der Bibel oder bestimmte Räucherstäbchen, die aus Heilpflanzen bestehen und abgebrannt werden, ein. Manche Leute schützen ihre Haustür mit bestimmten Sprüchen oder Gegenständen, damit erst gar keine Geister ins Haus gelangen.

Viele unserer Bräuche haben damit zu tun, dass Menschen früher Geister fortjagen wollten: Am Jahresende versuchte man, sie durch Lärm zu verscheuchen – mit Glockengeläut, Peitschenknallen, geräuschvollen Umzügen und später mit Feuerwerk.

In vielen alten Gemäuern soll es spuken.

MYTHEN UND RELIGIONEN

MYTHEN UND RELIGIONEN

Gibt es die Weiße Frau?

Um die sogenannte Weiße Frau ranken sich viele Sagen und Mythen. Im Volksglauben handelt es sich dabei um ein Gespenst, das auf verschiedenen Burgen und Schlössern umhergeistert. Da es unterschiedliche Überlieferungen der Sage gibt, steckt nicht nur eine bestimmte Frau hinter der Spukgestalt, sondern mehrere Frauen, meist Adlige.

Bekleidet mit einem weißen Leichenhemd erscheint die Weiße Frau ihren Nachkommen und macht auf wichtige bevorstehende Ereignisse in der Familie aufmerksam. Das können Geburten, aber auch Todesfälle sein.

Wer feiert die Walpurgisnacht?

Laut einem alten Volksglauben ist die Nacht vom 30. April auf den 1. Mai eine ganz besondere. Dann reiten die Hexen berauscht von den Dämpfen der Hexensalbe auf ihren Besen zum Brocken, auch Blocksberg genannt. Auf dem Gipfel dieses höchsten Bergs im Harz feiern sie ein Fest: die Walpurgisnacht.

Der Name Walpurgis geht jedoch nicht auf eine Hexe zurück, sondern auf eine Heilige. Walburga (710–779) war eine katholische Nonne. Aufgrund ihrer Wohltaten wurde Walburga nach ihrem Tod an einem 1. Mai heiliggesprochen. Daher kommt der Name Walpurgisnacht. Dass sich ausgerechnet dann der Sage nach die Hexen treffen, ist aber ein Zufall.

In der Walpurgisnacht reiten Hexen auf ihren Besen zum Blocksberg.

WER BENUTZTE EINEN ZAUBERTRANK?

Was wären Asterix und Obelix ohne ihren Zaubertrank? Mit seiner Hilfe gewinnen die Comic-Helden jeden Kampf gegen die Römer. Natürlich kennt nur der Druide Miraculix die genaue Zusammensetzung des Tranks. Als Zutaten bekannt sind aber Misteln, frischer Fisch und Steinöl.

Die Vorstellung, dass ein magisches Getränk bei der Durchführung einer List behilflich sein könnte, gab es schon in der Antike. So flößte Zeus seinem Vater einen Trank ein, durch den dieser seine verschluckten Kinder ausspuckte. Im Mittelalter versuchte man häufig, durch einen Liebestrank Gefühle zu entfachen. Tristan und Isolde, ein sagenumwobenes Liebespaar, haben so zueinandergefunden.

Der Zaubertrank kommt immer wieder in Geschichten und in Legenden vor.

Verhelfen Zauberpflanzen zu magischen Kräften?

Misteln dürfen in Miraculix' Zaubertrank nicht fehlen.

Manchen Pflanzen wird eine übernatürliche Wirkung nachgesagt. Sicher kennst du die Geschichte von Obelix, der als kleines Kind in den Kessel mit Zaubertrank gefallen ist und seitdem übermenschliche Kräfte besitzt. Eine Zutat, die dabei nie fehlen darf, ist die Mistel. Ihr werden wundersame Fähigkeiten zugeschrieben: Sie soll nämlich zu Reichtum verhelfen und Brände verhindern.

Eine weitere Zauberpflanze ist der Lorbeer. Angeblich schützt er Haus und Heim vor bösen Geistern und Blitzschlag. Lorbeerblätter, die man in der Tasche mit sich trägt, sollen Dämonen und Hexen abwehren. Tatsächlich wird Lorbeer aber auch als Heilpflanze verwendet, beispielsweise bei der Behandlung von Rheumapatienten. Wissenschaftlich bewiesen werden kann die magische Wirkung der sogenannten Zauberpflanzen aber nicht.

Welche Aufgabe hatten die Druiden?

Die Druiden waren Priester der Kelten in Britannien und Gallien. Sie genossen ein sehr hohes Ansehen und waren damit beauftragt, die Söhne des Adels zu erziehen. Außerdem betätigten sie sich als Richter und Wahrsager. Wie in den Asterix-Geschichten richtig beschrieben, waren Druiden auch Naturwissenschaftler.

Als Heilkundige sammelten sie Kräuter und beobachteten die Natur und die Sterne. Aus diesen Beobachtungen heraus entstand ein Kalender, der vor rund 2000 Jahren auf Bronzetafeln niedergeschrieben und 1897 in Frankreich gefunden wurde.

Was ist Magie?

Der Begriff Magie stammt aus dem Griechischen und steht für Zauberei. Ein Magier kann angeblich Ereignisse, andere Lebewesen oder Gegenstände auf übersinnliche Art beeinflussen. Dies führt er mithilfe von übernatürlichen Kräften, Geistern und verschiedenen Ritualen durch.

Ein magischer Grundsatz ist zum Beispiel, dass Gleiches mit Gleichem bewirkt werden kann. Zum Beispiel werden Warzen „besprochen", wenn der Mond abnimmt, damit sie – wie der Mond – ebenfalls verschwinden. Es gibt die weiße Magie, deren Ziele Schutz und Heilung sind. Dazu zählen zum Beispiel Abwehr-, Heil-, Fruchtbarkeits-, Glücks- und Liebeszauber. Dieser steht die schwarze Magie mit Schadenszauber gegenüber.

HOKUSPOKUS

Zaubertricks

Willst du dein Publikum mit erstaunlichen Zaubertricks und unglaublicher Magie verblüffen? Dann versuche es doch einmal mit den folgenden Zaubertricks. Damit ist dir der Applaus sicher!

Grundsätzliches

Bevor du mit dem Zaubern beginnst, solltest du einige Kleinigkeiten beachten. Wie bei vielen Dingen im Leben heißt es auch beim Zaubern: Übung macht den Meister. Stelle dich deshalb vor einen Spiegel und probiere die Tricks mehrfach aus, bis du sie sicher beherrschst.

Trainiere auch deinen körperlichen Ausdruck, denn wenn du geheimnisvoll und konzentriert wirkst, erscheinen deine magischen Künste überzeugender. Platziere deinen Zaubertisch, auf dem die Utensilien liegen, mit einem Abstand von etwa drei Metern vor dem Publikum. Denn sind die Zuschauer dir zu nahe, können sie eher einen Trick entlarven.

Zaubern ist kinderleicht!

Stiftfarbe erraten

Für diesen Trick benötigst du fünf bis acht verschiedenfarbige Filzstifte und ein Tuch. Halte die Stifte in der Hand und zeige sie dem Publikum. Dann nimmst du beide Hände mitsamt der Stifte hinter den Rücken. Bitte einen der Zuschauer, dir die Stifte bis auf einen hinter dem Rücken abzunehmen. Diesen einen behältst du in der Hand. Der Zuschauer soll dir die Stifte so abnehmen, dass du sie nicht siehst, und sie dann verstecken.

Überrasche dein Publikum und errate die Stiftfarbe.

Nun bittest du ihn, das Tuch vom Zaubertisch zu nehmen und damit den Stift zu umwickeln, den du noch hinter dem Rücken hast. Der Filzstift befindet sich im Tuch, seine Farbe ist nicht sichtbar – doch du kennst sie trotzdem. Nachdem du kurz deine Augen schließt und sehr konzentriert wirkst, sagst du die Farbe.

Das Geheimnis: Nachdem der Zuschauer dir fast alle Stifte abgenommen und sie versteckt hat, nimmst du vorsichtig die Kappe des Stiftes hinter dem Rücken ab. Male schnell einen Punkt auf eine unauffällige Stelle an deiner Hand, zum Beispiel auf den Daumen, und verschließe den Stift schnell wieder. Die bemalte Stelle an der Hand schaust du dir unbemerkt an.

HOKUSPOKUS

Obst zaubern

Du benötigst einen undurchsichtigen, geschlossenen Behälter, einen Stift, kleine Zettel, eine Papiertüte und einen Apfel oder eine andere bekannte Frucht, wie Banane oder Weintraube. Für diesen Trick musst du kleine Vorbereitungen treffen: Lege den Apfel in den Behälter, den du wieder verschließt. Das Gefäß stellst du auf den Zaubertisch.

Jetzt kannst du mit dem Trick vor Publikum beginnen. Zuerst zeigst du, dass die Papiertüte leer ist. Frage deine Zuschauer, welche Frucht du zaubern sollst, und bitte sie, Vorschläge zu machen. Nimm den Stift und die Zettel und notiere jeden Obst-Vorschlag auf einen Zettel.

Diese faltest du mehrfach und wirfst sie in die Papiertüte. Wenn du ausreichend Zettel beschriftet hast, bittest du einen Zuschauer, einen Zettel aus der Tüte zu ziehen. Dort wird „Apfel" draufstehen – die Frucht, die du nun mit einem magischen Spruch in den Behälter zauberst.

Das Geheimnis: Du schreibst nicht die vorgeschlagenen Obstsorten auf die Zettel, sondern immer Apfel. Achte darauf, dass Apfel von einem Zuschauer genannt wird, bevor du mit der Ziehung beginnst.

Abrakadabra Simsalabim!

Farben fühlen

Bei diesem Trick sitzt du am besten mit ein paar Zuschauern um einen Tisch herum. Du benötigst ein Kartenspiel, einen Schal oder ein Tuch sowie einen eingeweihten Gehilfen.

Zu Beginn sagst du, welche Karten du ertasten kannst, zum Beispiel ein schwarzes Pik. Du lässt dir mit dem Schal die Augen verbinden, damit du nichts mehr siehst. Jemand aus der Runde gibt dir eine Karte nach der anderen. Deine besondere Fähigkeit ist hierbei, dass du allein durch Fühlen und Abtasten der Karte erkennst, ob es sich um ein schwarzes Pik handelt.

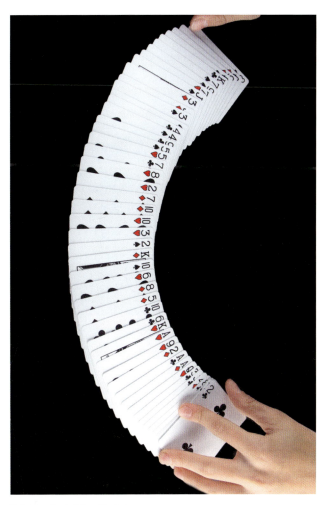

Ertaste die richtige Karte!

Das Geheimnis: Dein Gehilfe stößt dich bei den entsprechenden Karten unter dem Tisch mit seinem Bein unauffällig an.

MYTHEN UND RELIGIONEN

Wer haust auf dem Grund des Loch Ness?

Der flächenmäßig zweitgrößte See in Schottland heißt Loch Ness. Er ist bekannt für seine extreme Tiefe und einen ganz besonderen Bewohner: Nessie, ein Seeungeheuer, soll dort sein Unwesen treiben. Zum ersten Mal gesichtet wurde Nessie bereits im Jahr 565. Ein irischer Mönch behauptete damals, er habe sich dem Ungeheuer mutig entgegengestellt und es verscheucht.

Lebt ein Seeungeheuer im Loch Ness?

Immer wieder meldeten sich Leute, denen Nessie angeblich begegnet ist. Dabei ist nicht eindeutig geklärt, wie das Ungeheuer eigentlich genau aussieht. Ähnelt es eher einer Seeschlange, einer Echse oder einem hirschartigen Tier? Wissenschaftler jedenfalls konnten keine Beweise finden, dass es das Seemonster gibt. Trotzdem kommen noch immer Besucher zum Loch Ness, die auf Nessies Rückkehr an die Wasseroberfläche warten.

Gibt es Werwölfe wirklich?

Dann und wann berichten Menschen davon, einem Werwolf begegnet zu sein. Werwölfe sind Wesen, die sich in bestimmten Vollmondnächten in einen blutrünstigen Wolf verwandeln und tagsüber wieder ihre menschliche Gestalt annehmen.

Allerdings handelt es sich dabei lediglich um einen Aberglauben, den es schon sehr lange gibt. Im Mittelalter fanden sogar Werwolfprozesse statt, bei denen Männer vor Gericht beschuldigt wurden, Menschen umgebracht zu haben. Auch tollwutkranke Menschen oder jene, die an der sogenannten Wolfskrankheit litten, hielt man früher oft für Werwölfe.

In Vollmondnächten verwandeln sich die Werwölfe.

Was ist ein Wechselbalg?

Im Volksglauben ist ein Wechselbalg ein behindertes oder krankes Kind, das von bösen Geistern gegen ein gesundes Kind ausgetauscht und dann in dessen Wiege gelegt wurde. Erkennen kann man ein solches Kuckuckskind besonders an seinem ungeheuren Appetit, seiner Hässlichkeit und Unförmigkeit.

Früher hielt man diese Babys oft für die Kinder des Teufels und tötete sie. Allerdings gab es ganz bestimmte Rituale, die das Austauschen des eigenen Kindes gegen einen Wechselbalg verhindern sollten. So zündete man zum Beispiel drei Kerzen im Kinderzimmer an, um die Dämonen abzuhalten.

Wer verbirgt sich hinter dem kopflosen Reiter?

Der kopflose Reiter treibt als eine Art Schreckgespenst sein Unwesen. Des Nachts galoppiert er auf seinem Pferd umher und besucht die Welt der Lebenden. In einigen deutschen Volkssagen erscheint der kopflose Reiter als toter Wiedergänger. So bezeichnet man jemanden, der zwar bereits tot ist, aber trotzdem weiterlebt und ruhelos auf der Erde umherirrt.

Einer Legende nach handelt es sich bei dem kopflosen Reiter um einen hessischen Söldner, der seine Opfer mit der Hand berührt, woraufhin diese sterben. Die Geschichte vom kopflosen Reiter wurde sogar verfilmt. Allerdings geht der Bösewicht dabei viel brutaler vor: Er schlägt den Menschen den Kopf ab.

Frankensteins Monster

Zombies sind Untote.

Was sind Zombies?

In der Frühzeit hatten viele Menschen Angst davor, dass die Verstorbenen als lebende Tote wiederkommen könnten. Deshalb trafen sie Vorkehrungen und hielten zum Beispiel tagelang an den Gräbern Wache.

Vor allem auf Haiti war der Glaube an Zauberer oder Voodoo-Priester verbreitet, die mithilfe eines speziellen Pulvers Menschen zu willenlosen Geschöpfen machen konnten. Amerikanische Filmemacher haben diese Geschichten genutzt und den Begriff des Zombies weiterverbreitet. Heutzutage treten sie gern in Horrorfilmen und Computerspielen auf.

Schuf Frankenstein wirklich ein Monster?

Nein, Viktor Frankenstein ist eine Romanfigur der englischen Schriftstellerin Mary Shelly (1797–1851). Die Schauergeschichte handelt von dem jungen Arzt Viktor Frankenstein, der während seines Studiums eine Methode entwickelt, um toten Körpern Leben einzuhauchen.

Er baut aus verschiedenen Teilen einen Körper zusammen und erweckt ihn zum Leben. Weil das Wesen aber so hässlich ist, wird es von allen abgelehnt und deshalb bösartig. Aus Versehen bringt es Frankensteins Bruder um, später mordet es aus Rache. Schließlich bereut Frankenstein, dass er solch eine Kreatur geschaffen hat, und stirbt. Das Monster findet ihn und beschließt, seinem eigenen Leben ebenfalls ein Ende zu setzen. Der Roman diente auch als Vorlage für viele schaurig-schöne Filme.

MYTHEN UND RELIGIONEN

MYTHEN UND RELIGIONEN

Gab es den Vampir Graf Dracula wirklich?

Der gruselige Graf mit den roten Lippen, der nachts seinen Sarg verlässt, um sich an Menschenblut zu laben, ist eine Figur aus Bram Stokers (1847–1912) Roman „Dracula". 1897 erschien die Erstausgabe. Als Vorlage diente ihm dabei der Fürst Vlad III. Drăculea (1431–1476), der in Transsilvanien, das heute zu Rumänien gehört, herrschte. Der Beiname Drăculea bedeutet „Sohn des Drachen".

Vlad galt als besonders grausam. Angeblich ließ er Gegner, Verbrecher und Kriegsgefangene töten, indem er sie auf Pfähle spießte. Deshalb wurde ihm auch später der Beinamen „Țepeș", der Pfähler, verliehen. Seine Grabstätte, die nie gefunden wurde, soll sich angeblich in einem Kloster befinden.

Vlad III. hatte den Beinamen „der Pfähler".

Woher kommen Vampire?

Kreidebleiche Gesichter, schwarze Kleidung, spitze Eckzähne, die Blut aus dem Hals eines Menschen saugen – so stellen wir uns Vampire vor. Diese gruseligen Geschöpfe stammen aus dem südosteuropäischen Volksglauben. Es sind untote Wesen, also tote Menschen, die wiederauferstanden sind.

Die nachtaktiven Blutsauger gelten als unsterblich und haben kein Spiegelbild. Außerdem sind sie lichtscheu und verbringen daher den Tag in ihrem Sarg. Um sich vor den Bissen eines Vampirs zu schützen, sollen Knoblauch und Kreuze helfen. Denn wer von ihm gebissen wird, verwandelt sich angeblich selbst in einen Vampir.

Vampire haben spitze Zähne.

? Schon gewusst?

Der Begriff Mythos bezeichnet eine Erzählung über Ereignisse und Taten von Göttern, Dämonen oder Helden der Geschichte. Er kommt aus dem Griechischen und bedeutet unter anderem „Wort" oder „Rede". Oft dient ein Mythos der Einteilung der Welt in Gut und Böse oder dazu, etwas zu glorifizieren.

Wer war die Loreley?

Am Ufer des Flusses Rhein gibt es nahe der Stadt Sankt Goarshausen einen hohen Schieferfelsen. Er heißt Loreley und ist nach einer Nixe benannt. Der Legende nach soll sie einst auf dem Felsen gesessen und ihr goldenes Haar gekämmt haben. Dazu ließ sie ihre wunderbare Stimme erklingen.

Die Loreley saß auf dem gleichnamigen Felsen und lockte mit ihren Gesängen Seefahrer an.

Der Anblick der schönen Loreley und ihr süßer Gesang wirkten wie ein Zauber, der vielen vorbeifahrenden Seefahrern zum Verhängnis wurde. Sie hatten nur noch Augen für die bezaubernde Nixe und achteten nicht mehr auf die gefährlichen Strudel und Felsen. Infolgedessen zerschellten ihre Schiffe an den Riffen und viele junge Männer mussten ihr Leben lassen.

Warum feiern wir Halloween?

Halloween wird immer am Vorabend von Allerheiligen gefeiert, also am 31. Oktober. Der christliche Feiertag gab dem Fest auch seinen Namen. Halloween ist die Kurzform von „All Hallows' Eve", was übersetzt so viel heißt wie Allerheiligenabend.

Schon vor vielen Hundert Jahren wurde diese Nacht gefeiert. Für das keltische Volk begann mit dem 1. November ein neues Jahr. Die Kelten glaubten, dass in der Nacht zwischen zwei Jahren die Seelen der Toten die Erde besuchen können. Um nicht von den Geistern erkannt zu werden, tarnten sich die Menschen mit Fellen und Tiermasken. Daher kommt der Brauch, sich an Halloween zu verkleiden.

Die Kelten vertreiben an Halloween die bösen Geister.

Wovon handelt die Legende von Jack O'Lantern?

Die Kürbislaternen mit dem ausgeschnitzten Gesicht gehören zu Halloween wie der Tannenbaum zu Weihnachten. Die Amerikaner nennen diese Fratzen „Jack O'Lantern". Der Name geht zurück auf die Legende des irischen Trunkenbolds Jack, bei dem mehrfach der Teufel anklopfte, um seine Seele zu holen.

Jack konnte den Teufel aber immer wieder überlisten. Schließlich versprach der Teufel, nie mehr nach der Seele des Sünders zu verlangen. Als Jack starb, kam er nicht in den Himmel. Doch auch der Teufel nahm ihn nicht auf. Er gab ihm aber ein Stück glühende Kohle, weil es kalt und dunkel war. Dieses steckte Jack in eine ausgehöhlte Rübe. Seitdem, so heißt es, wandelt Jack zwischen Himmel und Hölle mit seiner Laterne umher.

MYTHEN UND RELIGIONEN

MYTHEN UND RELIGIONEN

Gab es den Meisterdieb Robin Hood?

Er war der edelste aller Räuber: Robin Hood, der laut einer Sage die reichen Leute ausraubte, seine Beute aber nicht behielt, sondern die Armen damit beschenkte. Die ersten Erwähnungen eines Diebs mit diesem Namen finden sich im 13. Jahrhundert. Anfangs wurde Robin Hood eher als gewalttätiger Verbrecher dargestellt. Erst mit der Zeit wandelte sich das Bild.

Obwohl sich manch Gesetzloser bewundernd nach ihm benannte, gehen die Historiker heute davon aus, dass es Robin Hood nie wirklich gegeben hat. Anders ist es bei seinem Gegenspieler: Selbst heute noch wird das Amt des Sheriffs von Nottingham besetzt, schon allein, um die Legende aufrechtzuerhalten.

Robin Hood bestahl die Reichen und beschenkte die Armen.

Wie vertrieb der Rattenfänger von Hameln die lästigen Nagetiere?

Denkmal des Rattenfängers von Hameln

Nach einer Sage der Brüder Grimm tauchte im Jahr 1284 in der niedersächsischen Stadt Hameln ein seltsamer Mann mit bunten Kleidern auf. Er behauptete, ein Rattenfänger zu sein, und versprach, das Ungeziefer gegen Geld zu vertreiben. Dies gelang ihm mithilfe seiner Flöte. Sie lockte alle Ratten der Stadt an und so zog der Fänger mit ihnen zum Fluss Weser, in dem die lästigen Tiere ertranken. Als ihm der Lohn für seine Hilfe nicht gezahlt wurde, lockte er mit seinen Flötenklängen 130 Kinder aus Hameln an, die danach nicht mehr auffindbar waren.

Man nimmt heute an, dass sich hinter dieser Sage ein tatsächliches Ereignis verbirgt, das sich im Laufe der Zeit in eine Geschichte verwandelt hat. Um welche Begebenheit es sich jedoch genau handelt, ist bis heute ungeklärt.

? Schon gewusst?

Eine Sage ist eine kurze Erzählung unglaublicher Ereignisse. Sie hat meist einen wahren Kern, der in vielen mündlichen Überlieferungen verändert und ausgeschmückt wurde. Die Brüder Grimm sammelten sie über Jahre hinweg und veröffentlichten ab 1816 zwei Bände mit deutschen Sagen.

Gibt es den Yeti wirklich?

Einige Bewohner des Himalaja, dem höchsten Gebirge der Welt, behaupten, sie hätten den Yeti gesehen. Dieses fabelhafte Wesen soll eine Mischung aus Mensch und Affe sein, nur viel größer und um die 200 Kilogramm schwer. Riesige Fußabdrücke, die man angeblich in über 5000 Meter Höhe fand, werden ihm ebenfalls zugeschrieben.

Ein Haarbüschel, das 2008 im Nordosten Indiens gefunden wurde, gibt weitere Rätsel auf. Selbst nach einer DNA-Analyse ist nicht festzustellen, zu welchem Wesen es gehört. Doch handfeste Beweise für die Existenz des Yetis gibt es bisher nicht.

Der Bergsteiger und Himalajakenner Reinhold Messner (geboren 1944) geht davon aus, dass der Yeti mit dem Tibetbär identisch ist. Das ist eine Art Braunbär, der über zwei Meter groß werden kann.

Warum dürfen die Raben den Londoner Tower nicht verlassen?

Vor knapp 1000 Jahren gab Wilhelm der Eroberer (1028–1087) den Auftrag zum Bau des Londoner Towers. In der Festung, die aus mehreren Gebäuden besteht, residierten nicht nur englische Könige. Lange wurde der Tower auch als Gefängnis genutzt. Inzwischen sind dort die britischen Kronjuwelen ausgestellt.

Wer sie bestaunen will, trifft vielleicht auch auf die Tower-Raben. Mindestens sechs von ihnen leben innerhalb der Festung. Damit die schwarzen Vögel nicht wegfliegen können, werden ihnen regelmäßig die Flügel gestutzt. Der Grund: Der Sage nach wird das Vereinigte Königreich untergehen, sobald die Raben den Tower verlassen.

Warum ist die 13 eine Unglückszahl?

In fast allen Völkern herrscht der Glaube an eine tiefe symbolische Bedeutung bestimmter Zahlen. In unserer Kultur gilt beispielsweise die 13 als Unglückszahl. Fällt der 13. Tag eines Monats auf den Freitag, gehen manche Menschen aus Angst nicht mehr aus dem Haus.

Freitag, der 13. – ein böses Omen?

Häufig hat die Zahlensymbolik religiöse Wurzeln. So traf sich Jesus mit seinen Jüngern zum Abendmahl und wurde von Judas, dem 13. in der Runde, verraten. Einen Tag später starb Jesus, das war am Karfreitag. Deshalb verspricht die Kombination aus Freitag und 13 Unglück. Die Angst vor der unheilvollen Zahl geht sogar so weit, dass in vielen Flugzeugen auf eine 13. Sitzreihe verzichtet wird.

MYTHEN UND RELIGIONEN

Gibt es auch moderne Sagen?

Da die Fantasie der Menschen unerschöpflich ist, entstehen immer wieder neue Geschichten. Sie werden oft mündlich weitergegeben. Wer solch eine Erzählung hört, kann nur schwer einschätzen, ob sie stimmt. Meistens kennt man niemanden, der die Geschichte tatsächlich erlebt hat, sondern nur den Freund eines Freundes einer Bekannten …

Moderne Sagen werden auch als Urban Legends bezeichnet. Eine sehr bekannte Urban Legend ist die Geschichte über eine Frau, die ihre nasse Katze zum Trocknen in die Mikrowelle steckte. Die Katze überlebte dieses Abenteuer nicht. Anschließend soll sich die Frau beim Mikrowellenhersteller beklagt haben, weil in der Gebrauchsanweisung nicht aufgeführt war, dass man Katzen nicht in der Mikrowelle trocknen darf.

Katzen und Mikrowellen sollten einander fernbleiben.

Was sind Horoskope?

Innerhalb eines Jahres wandert die Sonne durch zwölf Sternbilder: Widder, Stier, Zwillinge, Krebs, Löwe, Jungfrau, Waage, Skorpion, Schütze, Steinbock, Wassermann und Fische. Bereits in alten Kulturen wurden den Himmelskörpern und den Sternzeichen bestimmte Kräfte zugesprochen.

Auch heute glaubt man in der Astrologie noch, dass Menschen, die zu einer bestimmten Zeit und unter einem bestimmten Sternbild geboren wurden, gewisse Charaktereigenschaften, Stärken oder Schwächen haben. Aus dem Stand der Sterne und Planeten versucht man darüber hinaus abzulesen, was diesem Menschen demnächst Gutes oder auch Schlechtes widerfahren wird. Auch wenn viele Leute an Horoskope glauben, wissenschaftlich anerkannt sind sie nicht.

Kann man die Gedanken anderer Menschen lesen?

Manche Menschen behaupten, dass sie spüren können, was andere gerade denken oder fühlen. Diese Fähigkeit wird auch Telepathie, Gedankenlesen oder -übertragung genannt.

Dabei empfängt der Mensch Informationen über andere Personen auch über viele Kilometer hinweg. Allerdings ist diese Fähigkeit wissenschaftlich nicht bewiesen und man kann sich auch nicht erklären, wie das funktionieren könnte.

MAGISCHE ZAHLEN

Zahlentricks

Die Welt der Zahlen ist erstaunlich und unübertrefflich. Kein Wunder also, dass man mit ihnen jede Menge Tricks vollführen kann. Probiere doch die folgenden einfach aus!

Zahlentrick 1

Mit diesem magischen Trick wirst du alle verblüffen und du kannst sicher sein, dass er immer funktioniert. Ruhigen Gewissens wirst du vorhersagen, was am Ende herauskommt, nämlich 9.

So gehts: Bitte deine Versuchsperson, ihre Hausnummer und die letzte Ziffer ihres Geburtsjahres zu addieren (zusammenzuzählen), ohne die Zahlen zu sagen. Zum Beispiel nimmt die Person die Hausnummer 42 und die 9 von ihrem Geburtsjahr 1999, also 42 + 9 = 51.

Dann bitte sie diese Zahl mit neun malzunehmen, also 51 x 9 = 459. Wenn die Rechnung zu schwierig wird, darf ein Taschenrechner benutzt werden. Aus diesem Ergebnis soll die Versuchsperson die Quersumme bilden, folglich 4 + 5 + 9 = 18.

Hiervon nimmt sie wieder die Quersumme, solange bis diese einstellig ist, also 1 + 8 = 9. Das Endergebnis behält sie für sich, du kannst nun mit der richtigen Antwort glänzen.

Schnellrechnen

Mit diesem Trick, rechnest du schneller als deine Freunde oder Verwandten. Bitte deinen Freund drei einstellige Zahlen aufzuschreiben, zum Beispiel 3, 5 und 9. Dann soll er diese drei Zahlen zusammenzählen (3 + 5 + 9 = 17) und das Ergebnis als vierte Zahl der Reihe hinzufügen. Das wären dann 3, 5, 9 und 17.

Anschließend muss er immer die letzten drei Zahlen der Reihe addieren und das Ergebnis an die Reihe anhängen. Das macht er solange bis er acht Zahlen hat. Hier im Beispiel sind das 3, 5, 9, 17, 31, 57, 105 und 193.

Dann schaust du dir die Reihe an und bittest ihn, alle acht Zahlen zu addieren (zusammenzuzählen). Wenn er gerade erst anfängt, sagst du ihm schon das Ergebnis! Du musst einfach die vorletzte Zahl mit vier malnehmen. In unserem Fall ist es also 4 x 105 = 420.

Zahlentrick 2

Bei diesem Trick werden alle glauben, du kannst hellsehen. Deine Versuchsperson denkt sich eine ein- oder zweistellige Zahl aus, die sie für sich behält. Diese Zahl verdoppelt sie und addiert zehn dazu. Das Ergebnis teilt sie durch zwei und zieht am Ende die anfänglich ausgedachte Zahl wieder ab. Was bei dieser Rechnung herauskommt, kannst du einfach aus dem Ärmel schütteln: Es wird immer fünf sein.

Hier ein Beispiel: Dein Partner denkt sich eine 15. Diese verdoppelt er zu einer 30 und addiert dann 10 dazu. Das ergibt 40. Geteilt durch zwei wird daraus 20. Abzüglich der 15 ganz vom Anfang ergibt sich die Fünf!

Sagen Wahrsager die Wahrheit?

Wahrsagerei gehörte in der gesamten antiken Welt zum täglichen Leben. Damals, ab dem 2. Jahrtausend vor Christus, waren es Priester, die für ihre Könige die Zukunft deuteten. Sie lasen Sternbilder oder versuchten, aus Tiereingeweiden auf kommende Ereignisse zu schließen.

Heute kennt man von Volksfesten oder aus dem Fernsehen Wahrsagerinnen, die die Zukunft meist mithilfe von Tarotkarten oder einer Kristallkugel voraussagen. Dabei stehen die verschiedenen Karten für bestimmte Dinge wie Glück oder Unglück. Die Wahrsagerin versucht, sie zu deuten. Wissenschaftlich beweisen kann man solche Fähigkeiten jedoch nicht.

Können Wahrsager tatsächlich in die Zukunft sehen?

Sagte Nostradamus die Zukunft voraus?

Nostradamus (1503–1566) gilt als einer der berühmtesten und umstrittensten Weissager. Noch heute hat er zahlreiche Anhänger. Eigentlich war Nostradamus Doktor der Medizin. Er veröffentlichte Gesundheitsratschläge und Schriften über Kosmetik und verschiedene Arzneimittel.

Doch seine große Leidenschaft war die Sterndeutung. Sein Hauptwerk sind 952 vierzeilige Gedichte, in denen er in verschlüsselter Sprache düstere Vorhersagen für die Zukunft aufstellt – angeblich bis ins Jahr 3797. Seine Anhänger behaupten, dass viele Ereignisse, wie Vulkanausbrüche, Hungersnöte oder die Französische Revolution, vorhergesagt wurden. Allerdings deuten sie die Sprüche immer erst, wenn ein Ereignis schon passiert ist.

Kann ein Mensch mit Verstorbenen reden?

Es gibt in vielen Kulturen Menschen, die behaupten, mit der jenseitigen Welt Verbindung aufnehmen zu können. Sie empfangen zum Beispiel Botschaften von Engeln oder Geistern der Verstorbenen. In sogenannten Séancen (Sitzungen) oder Meditationen übermitteln sie dem Zuhörer persönliche Botschaften.

Das Erstaunliche daran ist, dass sie oft sehr genaue Angaben über die verstorbenen Personen, ihr Aussehen oder die Lebensumstände machen können. Dass das jedoch wirklich funktioniert, kann wissenschaftlich nicht bewiesen werden. In der Regel kann man wohl davon ausgehen, dass die „Seher" eher durch gute Recherche als durch eine Verbindung ins Reich der Toten an die privaten Informationen kommen.

Meditieren soll dabei helfen, mit Verstorbenen in Kontakt zu treten.

Wozu dienen Amulette?

Der Begriff Amulett stammt aus dem Lateinischen und bedeutet Kraftspender. Amulette sollen magische Kräfte besitzen, Glück bringen und den Besitzer beschützen. Sie werden oft am Körper oder in der Kleidung eingearbeitet getragen.

Schon in der frühen Menschheitsgeschichte wurden Zähne und Krallen von Tieren als Schmuck verwendet, um dem Träger Kraft zu verleihen. Bernstein und Bergkristalle sollen heute noch vor Unheil schützen. Amulette sind in allen Kulturen bekannt: Christen tragen das Kreuz an einer Kette, Indianer ihren Medizinbeutel, Ägypter hängen sich Knoten um und Chinesen tragen Lochmünzen.

Amulette sollen schützen und Glück bringen.

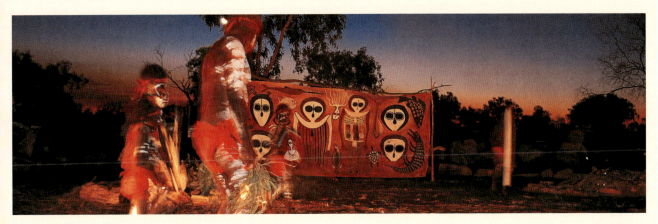

Aborigines feiern ein Fest.

WORAN GLAUBEN DIE ABORIGINES?

Aborigines sind die Ureinwohner Australiens. Auch ihre Nachfahren werden so genannt. Sie sind kein einheitliches Volk, sondern bestehen aus mehreren Stämmen oder Clans mit unterschiedlichen Bräuchen und Sprachen.

Bei ihnen bildet die sogenannte Traumzeit den Mittelpunkt religiösen Denkens. Sie beschreibt die Zeit der Schöpfung. Geschichten darüber werden von den Älteren an die Kinder weitergegeben. Darin geht es auch um Ahnengeister wie die Regenbogenschlange und das Große Känguru, die alle Pflanzen und Lebewesen formten. Viele Felszeichnungen, Schnitzereien und Tänze stellen die Wesen der Traumzeit dar.

Was ist ein Ritual?

Rituale sind Handlungen, die nach festen Regeln ablaufen und meist in einen feierlichen Rahmen eingebettet sind. Dies kann in religiösem oder auch weltlichem Zusammenhang geschehen. Das Leben eines Menschen besteht aus vielen Ritualen, zum Beispiel Geburtstagsfeiern, dem ersten Schultag mit Schultüte, Konfirmation oder Kommunion, Hochzeit und Beerdigung.

Besonders Gemeinschaften finden Zusammenhalt in Ritualen, weil sie das Gefühl der Verbundenheit stärken. Rituale sind in den meisten Kulturen unterschiedlich. Gerade wenn uns selbst diese Rituale sehr fremd sind, erscheinen sie uns oft unheimlich oder geheimnisvoll.

MYTHEN UND RELIGIONEN

MYTHEN UND RELIGIONEN

Woran glauben die nordamerikanischen Ureinwohner?

Die Indianer, die Ureinwohner Nordamerikas, folgen einer Art Religion, bei der die Natur im Mittelpunkt steht. Viele Stämme glauben, dass alles in der Natur, zum Beispiel Bäume, Sand, Wasser oder Tiere, eine eigene Seele hat. Für das Volk der Algonkin ist Manitu die höchste Kraft oder Energie, die sich in allen Dingen der Natur, wie Pflanzen oder Tieren, zeigt.

Den Indianern ist es zudem wichtig, einen persönlichen Schutzgeist zu haben, der sie zum Beispiel bei der Jagd beschützt oder für ihre Gesundheit sorgt. Dieser Schutzgeist kann ein Tier oder ein Gegenstand sein. Heutzutage ist darüber hinaus die Native American Church weitverbreitet, eine Religion bestehend aus christlichen Elementen und traditionellen Praktiken unterschiedlicher Stämme.

Viele Indianer glauben an Manitu.

Wie machte Jesus Wasser zu Wein?

In der Bibel wird unter anderem vom Leben Jesu berichtet. In einer Geschichte heißt es, dass Jesus auf einer Hochzeit eingeladen war. Als dort der Wein ausging und die Gäste nichts mehr zu trinken hatten, war das für die Gastgeber eine sehr peinliche Situation. Daraufhin ließ Jesus große Krüge mit Wasser füllen, das er in edlen Wein verwandelte.

Wie bei allen Wundern Jesu sind sich heute die meisten Christen einig, dass es sich nicht um eine genaue Beschreibung des Geschehens handelt, sondern vielmehr um eine Botschaft der Allmächtigkeit Gottes und der besonderen Fähigkeiten Jesu. Die Verwandlung von Wasser in Wein ist also nicht wortwörtlich zu nehmen. Vielmehr zeigt sie die Großzügigkeit Gottes, der die Menschen beschenkt und aus ihrer Not befreit.

Was ist eine Marienerscheinung?

Fátima in Portugal, Guadalupe in Mexiko, Lourdes in Frankreich – gemeinsam ist diesen drei Orten, dass es dort Marienerscheinungen gab. Einigen Menschen, auch Seher genannt, ist an diesen Stellen Maria, die Mutter Jesu, erschienen. Insbesondere Anhänger des katholischen und orthodoxen Glaubens erlebten diese Visionen, in denen Maria zu ihnen sprach.

Viele halten dieses Phänomen für ein Wunder, einen übernatürlichen Vorgang. Wissenschaftlich konnten die Erscheinungen, die auch in vielen anderen Ländern der Erde beobachtet wurden, jedoch bisher nicht bewiesen werden.

Jesus verwandelt in der Bibel Wasser zu Wein.

Die Utensilien eines Schamanen

Wie arbeitet ein Schamane?

Schamanen werden als Mittler zwischen der irdischen Welt der Menschen und der jenseitigen Welt der Geister verstanden. Sie sind Medizinmänner, Zauberer und Lehrer. Mit ihren außergewöhnlichen Fähigkeiten können sie sich in einen anderen Geisteszustand versetzen, in Trance oder Ekstase. Dazu benutzen sie bestimmte Techniken wie Trommeln, Singen, besondere Atmung oder Feuer. So treten sie in die Geisterwelt ein und nehmen Kontakt mit der Natur, den Tieren oder Geistern auf. Der Schamane bittet diese um Hilfe.

? Schon gewusst?

Der Hinduismus hat nach dem Christentum und dem Islam die drittmeisten Anhänger in der Welt. Am stärksten ist er in Indien und in Sri Lanka verbreitet. Der Hinduismus ist eine Religion mit vielen Göttern. Zu ihnen zählen zum Beispiel Brahma, Shiva oder Vishnu.

Ursprünglich kommt der Begriff Schamane wahrscheinlich von den Tungusen. Das sind Völker, die im heutigen Sibirien, in China und in der Mongolei leben. Aber auch in fast allen anderen Kulturen, wie bei den Ureinwohnern Nordamerikas, gibt es Menschen mit schamanischen Kräften.

Was ist Karma?

Hindus, das sind die Anhänger des Hinduismus, glauben an die Wiedergeburt. Das heißt: Beim Tod eines Menschen oder Tieres stirbt nur der Körper, die Seele hingegen kommt in einem anderen Lebewesen wieder auf die Erde zurück. In welchem Körper man wiedergeboren wird, das bestimmt das Karma.

Es ist eine Art „Verrechnungsstelle", bei der die guten und schlechten Taten eines Menschen eingetragen werden. Wer in seinem Leben viel Gutes tut, hat ein gutes Karma. Folglich wird dieser Mensch als etwas Besseres wiedergeboren, zum Beispiel als Gelehrter oder Priester. Bei schlechtem Verhalten ist auch das Karma miserabel. Daraus könnte eine Wiedergeburt als Katze oder Hund folgen.

MYTHEN UND RELIGIONEN

MYTHEN UND RELIGIONEN

Wohin führt der Jakobsweg?

Der Jakobsweg ist einer der bekanntesten Pilgerwege unserer Zeit. Darunter versteht man vor allem den „Camino Francés", der sich mit etwa 800 Kilometern von den Pyrenäen nach Santiago de Compostela in Spanien erstreckt. Pilgerziel ist die dortige Kathedrale, in der sich einer Legende nach das Grab des Apostels Jakobus (bis etwa 44 nach Christus) befindet.

Angeblich hatte Jakobus nach Jesu Tod versucht, die Spanier zum christlichen Glauben zu bekehren. Der Legende nach übergaben seine Jünger den Leichnam einem Boot ohne Besatzung, das in Galicien landete, weshalb Jakobus in Santiago de Compostela beigesetzt wurde. Nach heutigem Forschungsstand ist es jedoch nicht eindeutig belegt, dass Jakobus in Spanien zu Grabe getragen wurde.

In Spanien erstreckt sich der Jakobsweg über etwa 800 Kilometer.

WOFÜR SIND ENGEL DA?

Schon im Altertum wurden bei den Ägyptern, Persern, Griechen oder Römern Engel dargestellt. Sie sind häufig mit Flügeln versehen. Der Begriff stammt aus dem Griechischen und bedeutet Bote. Als solche werden Engel auch gesehen: Sie sind übernatürliche Wesen, Mittler zwischen Gott und den Menschen.

Engel gibt es in allen Formen und Varianten – Erzengel, Schutzengel, als Statuen, auf Gemälden und so weiter.

Viele Religionen wie Christentum, Judentum und Islam kennen Engel. Besonders in der katholischen Kirche glaubt man an Schutzengel, die jedem Menschen beistehen und ihn vor Unheil bewahren. Die Engel werden in der christlichen Lehre in verschiedene Gruppen eingeteilt, wovon eine der höchsten die Erzengel sind, die Gott sehr nahestehen.

Welche Gestalt hat der Teufel?

Der Teufel hat viele Namen: Leibhaftiger, Satan, Diabolus oder Luzifer. Er kann auch verschiedene Gestalten annehmen. Oft tritt er als Tier auf, zum Beispiel als Ziegenbock oder Rabe. In menschenähnlicher Gestalt wird er meist mit Hörnern und Hufen dargestellt. Er wohnt in der Unterwelt und versucht, Menschen zu schlechten Taten zu verführen.

Der Teufel tritt in fast allen Religionen und Kulturen auf, in verschiedener Gestalt und mit unterschiedlichen Namen. Im Christentum wird der Teufel als Inbegriff des Bösen angesehen. Einst war er ein Engel Gottes, der sich aber gegen ihn auflehnte und deshalb aus dem Himmel vertrieben wurde.

Wie werden Menschen heiliggesprochen?

Heilige sind Menschen, die in ihrem Leben durch ihre Liebe zu Gott viel Gutes vollbracht haben und dadurch anderen Menschen als Vorbild dienen. Das allein reicht jedoch nicht, um heiliggesprochen zu werden. Denn als Heiliger wird man nicht geboren. Heilige werden vor allem in der katholischen Kirche verehrt.

Voraussetzung neben einem frommen und vorbildlichen Leben ist, dass man katholisch und bereits gestorben ist, wie der heilige Nikolaus oder der heilige Martin. Entscheidend ist auch, dass der Mensch ein Wunder vollbracht, also beispielsweise einen Kranken geheilt hat, oder sich besonders für seinen Glauben und andere Menschen eingesetzt hat. Diese Kriterien werden von einer Kommission geprüft. Zuerst wird die Person vom Papst selig-, später dann heiliggesprochen.

Der heilige Christophorus

Was macht ein Teufelsanbeter?

Als Teufelsanbeter oder Satanisten bezeichnet man Menschen, die den Teufel verehren und ihn anbeten. Dadurch erhoffen sie sich, magische und übernatürliche Kräfte zu erlangen. Schon im Mittelalter gab es Personen, von denen man glaubte, dass sie sich dem Teufel verschrieben hätten. Deswegen wurden sie oft verfolgt und hingerichtet.

Oft feiern Satanisten sogenannte schwarze Messen. Dabei stehen diese Messen im extremen Gegensatz zu christlichen Gottesdiensten und sollen diese sogar verhöhnen. Kreuze hängen zum Beispiel verkehrt herum an der Wand oder Gebete werden rückwärtsgesprochen. Meist gibt es dabei auch eine spezielle Person, die einen Kontakt zur Geisterwelt oder zum Teufel herstellen soll.

Was sind Stigmata?

Als Stigmata werden die Wunden an den Händen und Füßen bezeichnet, die Jesus zugefügt wurden, als man ihn ans Kreuz nagelte. Übersetzt heißt der Begriff Male oder Zeichen. Bei einigen Menschen sollen die gleichen Wunden aufgetreten sein, obwohl sie nicht gekreuzigt wurden. Der heilige Franz von Assisi zum Beispiel soll solche Verletzungen erlitten haben.

Wissenschaftler sind sich nicht völlig einig, woher diese Zeichen kommen. Die Psyche der Menschen spielt dabei eine entscheidende Rolle; viele waren sehr fromm und wollten Jesus nacheifern. Auch Krankheiten wie Hysterie sollen eine Ursache für die Stigmata sein. Einige Menschen haben sich wohl auch selbst verletzt, um in der Öffentlichkeit zu stehen.

MYTHEN UND RELIGIONEN

QUIZ

Wissenstest

Was hast du alles aus dem Buch gelernt? Mit diesem Quiz kannst du dein Geheimwissen testen.

1. Was bedeutet der Name des Geheimbunds der Illuminaten?
a) Die Weisen
b) Die Erleuchteten
c) Die Allmächtigen

2. Ein italienischer Geheimbund namens Karbonari benutzte in seiner Geheimsprache Begriffe, die normalerweise nur eine bestimmte Berufsgruppe verwendete. Welche?
a) Waffenhändler
b) Köhler
c) Buchbinder

3. Welche „Geheimwaffe" führte der karthagische Feldherr Hannibal mit sich, als er gegen die Römer über die Alpen zog?
a) Einen Zaubertrank
b) Panzer
c) Elefanten

4. Wofür ist der Baron von Münchhausen bekannt?
a) Für seine Lügengeschichten
b) Für seine ausgefeilte Kampftechnik
c) Für seine Tätigkeit als Spion

5. In welches Verbrechen wurde Königin Marie Antoinette verwickelt?
a) In die Kettengeschichte
b) In die Halsbandaffäre
c) In die Armreifepisode

6. Welches der folgenden drei Bauwerke gehört nicht zu den sieben antiken Weltwundern?
a) Der Koloss von Rhodos
b) Die Pyramiden von Gizeh
c) Das Tadsch Mahal

7. Was liegt in den Katakomben von Paris?
a) Ein Piratenschatz
b) Knochen
c) Diamanten

8. Wie sprachen die Codetalker?
a) In indianischer Sprache
b) In japanischer Sprache
c) In englischer Sprache

9. Was ist eine Skytale?
a) Eine Riesenschlange aus der griechischen Mythologie
b) Ein griechisches Gerät zur Verschlüsselung von Botschaften
c) Eine Insel, die in der Antike unterging

10. Was verschwand im Bermudadreieck?
a) Flugzeuge und Schiffe
b) Geld
c) Eine Insel

11. Wer hatte Zugang zur Verbotenen Stadt?
a) Das Bundeskriminalamt
b) Der oberste griechische Gott, Zeus
c) Der chinesische Kaiser

QUIZ

12. Was geschieht bei einem sogenannten Blutmond?
a) Der Mond verschwindet im Schatten der Erde.
b) Die Vampire erwachen und erheben sich aus ihren Särgen.
c) Teufelsanbeter feiern ihre schwarzen Messen.

13. Was ist eine Fata Morgana?
a) Eine orientalische Tänzerin
b) Eine optische Täuschung
c) Eine Halluzination

14. Wo liegt die Area 51?
a) In Großbritannien
b) In der Sahara
c) In den Vereinigten Staaten

15. Was ist der Stein der Weisen?
a) Ein Mittel zur Herstellung von Gold
b) Ein Mittel zur Bekämpfung von Unheil
c) Ein wertvoller Diamant

16. Woraus besteht das Morsealphabet?
a) Aus Rauchzeichen
b) Aus kurzen und langen Signalen
c) Aus Buchstaben

17. Was ist ein Lügendetektor?
a) Ein verdeckter Ermittler, der Lügen entlarvt
b) Ein Erzähler von Lügengeschichten
c) Ein Gerät, das bei Vernehmungen Körperreaktionen testet

18. Wer braucht ein Alibi?
a) Ein Verdächtiger
b) Ein Detektiv
c) Ein Kommissar

19. Wer ist der berühmteste Posträuber?
a) Ronald Arthur Biggs
b) Dagobert
c) Billy the Kid

20. Wofür steht die Abkürzung FBI?
a) Für Free Bureau of Intensivation
b) Für Federal Bureau of Investigation
c) Für Free British Agency of Investigation

21. Wofür war Alcatraz berühmt?
a) Für sein Hochsicherheitsgefängnis
b) Für sein Spukschloss
c) Für seine Katakomben

22. Was macht Dokumente fälschungssicher?
a) Eine Tätowierung
b) Eine Unterschrift
c) Ein Wasserzeichen

23. Was steckte in der Büchse der Pandora?
a) Das Übel dieser Welt
b) Eine Goldmünze
c) Ein geheimnisvoller Brief

24. Wer haust angeblich auf dem Grund des Loch Ness?
a) Ein Ungeheuer
b) Ein Wal
c) Eine Hexe

25. Wann verwandeln sich Werwölfe?
a) Bei Vollmond
b) Bei einer Sonnenfinsternis
c) Um Mitternacht

26. Wen oder was schuf Frankenstein?
a) Das Klonschaf Dolly
b) Ein Monster
c) Einen Drachen

27. Woher kommt der Vampir Graf Dracula?
a) Aus Transsilvanien
b) Aus Atlantis
c) Aus der Mongolei

28. Welche Zahl bringt angeblich Unglück?
a) 21
b) 13
c) 66

Lösungen

1 b) Das Wort „illuminati" kommt aus dem Lateinischen und bedeutet „die Erleuchteten".

2 b) Die Karbonari benutzten die Sprache der Köhler.

3 c) Hannibals Heer bestand nicht nur aus Tausenden von Soldaten, sondern auch aus 37 Kriegselefanten.

4 a) Der Baron von Münchhausen erzählte schon zu Lebzeiten von den unglaublichsten Abenteuern.

5 b) Die Königin wurde in die sogenannte „Halsbandaffäre" verwickelt.

6 c) Das Tadsch Mahal zählt erst in der gegenwärtigen Liste zu den Weltwundern.

7 b) In den Katakomben von Paris finden sich unzählige menschliche Knochen und Schädel.

8 a) Im Zweiten Weltkrieg nutzten die Amerikaner die Sprache der amerikanischen Indianer als perfekte Verschlüsselungsmethode.

9 b) Eine Skytale ist eine etwa 2500 Jahre alte Verschlüsselungsmethode, bei der man ein Lederband um einen Stab wickelte.

10 a) Im Bermudadreieck sollen Schiffe und Flugzeuge auf unerklärliche Weise verschwunden sein.

11 c) Die Verbotene Stadt war lange Zeit der Sitz der chinesischen Kaiser. Der Zutritt war nur ihm, seiner Familie und den Bediensteten gestattet.

12 a) Bei einem Blutmond handelt es sich um eine totale Mondfinsternis, bei der der Mond trotzdem in einem rötlichen Licht schimmert.

13 b) Bei einer Fata Morgana handelt es sich um eine Luftspiegelung. Sie entsteht, wenn Luftschichten unterschiedliche Temperaturen aufweisen.

14 c) Die Area 51 ist ein militärisches Sperrgebiet und liegt in Nevada, USA.

15 a) Im Mittelalter versuchten Wissenschaftler, Gold mithilfe des Steins der Weisen künstlich herzustellen.

16 b) Das Morsealphabet wird durch kurze und lange Signale übermittelt. Schriftlich wird es durch Striche und Punkte dargestellt.

17 c) Lügendetektoren sind Geräte, die verschiedene Körperreaktionen eines daran angeschlossenen Menschen messen.

18 a) Das Wort Alibi bedeutet „anderswo" und steht für den Beweis, dass ein Verdächtiger nicht zum entsprechenden Zeitpunkt am Tatort war.

19 a) Ronald Arthur Biggs erbeutete 1963 beim Great Train Robbery umgerechnet mehr als 35 Millionen Euro.

20 b) Das Federal Bureau of Investigation ist die Ermittlungsbehörde für Kriminalität in den USA.

21 a) Auf der Insel Alcatraz befand sich die wohl berüchtigtste Strafanstalt der USA. Bis 1963 waren hier die gefährlichsten Verbrecher der USA inhaftiert.

22 c) Eine der Möglichkeiten, Dokumente vor Fälschungen zu schützen, ist das Wasserzeichen.

23 a) Als Pandora die Büchse öffnete, kam alles Schlechte und Böse auf die Welt. Diese Geschichte stammt aus der griechischen Mythologie.

24 a) Im schottischen See Loch Ness soll Nessie, ein Seeungeheuer, sein Unwesen treiben.

25 a) Werwölfe verwandeln sich in bestimmten Vollmondnächten in einen blutrünstigen Wolf und nehmen tagsüber wieder ihre menschliche Gestalt an.

26 b) Der Arzt Viktor Frankenstein erweckte einen aus verschiedenen Körperteilen zusammengebauten Toten zum Leben.

27 a) Der gruselige Graf stammt laut Bram Stokers Roman „Dracula" aus Transsilvanien, das heute zu Rumänien gehört.

28 b) In unserer Kultur gilt die 13 als Unglückszahl.

GLOSSAR

Glossar

Altes Testament:
Das Alte Testament ist im Christentum ein Teil der Heiligen Schrift, der Bibel. In ihm wird aus der Zeit vor Jesu Geburt berichtet. Der andere Teil der Bibel ist das Neue Testament, das vom Leben Jesu erzählt. Im Judentum bezeichnet das Alte Testament die Heilige Schrift und heißt Tanach.

Basalt:
Ein Gestein vulkanischen Ursprungs

Chiffre:
Kennwörter oder Geheimzeichen mit verschlüsselter Bedeutung

Doppelagent:
Spion, der nicht nur für seinen Auftraggeber arbeitet, sondern auch für denjenigen, den er eigentlich auskundschaften soll.

Dreimaster:
Segelschiff mit drei Masten

Inka:
Volk in Südamerika, das zwischen dem 13. und 16. Jahrhundert seine Blütezeit hatte. Das kulturelle Zentrum der Inka lag im heutigen Peru.

Interpretation:
Auslegung oder Deutung

Katakomben:
Unterirdische Begräbnisstätten in einem Gewölbe. Vor allem im alten Rom gab es viele dieser Leichenaufbewahrungsstätten.

Magma:
Masse aus heißer Gesteinsschmelze, die im Inneren der Erde vorkommt.

Megalith:
Großer, ungehauener Stein.

Mistel:
Pflanze, die auf Bäumen oder Sträuchern wächst. In früherer Zeit wurden der Mistel magische Kräfte zugesprochen.

Molekül:
Kleinstes Teilchen eines chemischen Stoffes, das aus zwei oder mehreren Atomen besteht.

Mongolen:
Mehrere Volksstämme, die hauptsächlich in dem Gebiet der heutigen Mongolei leben. Die Mongolei liegt in Nordostasien zwischen Russland und China.

Oase:
Wasserstelle in der Wüste

Optik:
Die Wissenschaft von der Wahrnehmung

Polarkreis:
Es gibt einen nördlichen und einen südlichen Polarkreis. Sie liegen in der Nähe des 66. Breitengrades Nord und des 66. Breitengrades Süd.

Toter Briefkasten:
Unauffälliges Versteck, in dem geheime Botschaften hinterlegt werden. Es kann sich zum Beispiel um ein Astloch, um einen Mauerspalt oder um eine Schublade handeln.

Trapez:
Viereck mit zwei parallelen Seiten

Trick:
Das Wort stammt aus dem Englischen und steht für einen geschickten Streich oder ein Kunststück.

Visuell:
Das Sehen betreffend

Wikinger:
Kriegerische, germanische Völker des Nord- und Ostseeraumes, die zur See fuhren.

REGISTER

3-D	44
Abagnale, Frank W.	107
Abhörtechnik	99
Aborigines	149
Absolutes Gehör	76
Alarmanlage	123
Alcatraz	122
Alchemie	90 f.
Alibi	107
Amulett	149
Anastasia	14
Anschlussfehler	44
Archäologie	22 f.
Archimedes	86
Ardi	21
Area	51, 79
Armbanduhr	40
ARPANET	98
Artus	130 f.
Astronaut	78, 83 f.
Atlantis	48
Atom	85, 98
Atombombe	85
Atomkern	85
Ausdauertraining	112
Außerirdische	44, 62, 78 f.
Autobahnpolizei	119
Bär	66 f.
Barbarossa	15
Barcode	94
Beethoven, Ludwig van	19
Bermudadreieck	47 f.
Bernsteinzimmer	7 f.
Beweissicherung	101
Billy the Kid	110
Biometrische Angaben	125
Bionik	92
BKA	116
Blitz	60 f., 90, 129
Blitzableiter	90
Blitzeis	62
Blizzard	62
Blocksberg	136
Blutmond	51
BND	111, 114
Boa	68
Bohr, Niels	85
Boleyn, Anne	19 f.
Bond, James	43, 114
Brieftaube	69
Bundeskriminalamt	116 f.
Bundesnachrichtendienst	111, 114
Capone, Al	107, 122
Cäsar	15, 18
Central Intelligence Agency	111
Cheopspyramide	24
Chiffren	95
Chinesische Mauer	25
Chinesische Schrift	30
CIA	108, 111
Code	31 f., 94 f., 124 ff.
Codetalker	31
Comicfigur	43
Curie, Marie	86
Damm des Riesen	50
Darm	77
Darwin, Charles	64
DDR	114
Delphi	128
Detektiv	102, 105, 116, 120, 132
Diamant	34
Dinosaurier	22, 65
Dolly	92
Donner	60
Dornröschenschloss	49
Dosentelefon	88
Drachen	130, 133
Dracula	49, 142
Druiden	137
Dschingis Khan	16
E.T.	44
Edda	129, 133
Einhorn	131
Einstein, Albert	85
Eisberg	6 f., 58
Elefant	16, 71
Elfen	133 f.
Engel	148, 152
Erdbeben	59
Fächerfisch	64
Fälschungssicher	125
Fata Morgana	52 f.
FBI	107, 115
Feen	133 f.
Fernsehen	41
Feuerstelle	54
Feuerwerk	91 f.
Film	41 ff., 44 ff.
Fingerabdruck, genetischer	101, 116, 124 f.
Fleischfressende Pflanzen	74
Fort Knox	127
Frankenstein	141
Franklin, Benjamin	90
Freimaurer	10
Friedrich I.	15
Galilei, Galileo	87
Geheimbund	10 f
Geheimgang	27
Geheimgesellschaft	11
Geheimsprache	11, 33
Geheimwaffen	43
Geister	134 f., 143, 148 f., 151, 153
Geisteraustreibung	135
Geisterjäger	135
Gemälde	35 ff.
Gepäckscanner	124
Gepard	64
Gewitter	60 f., 90
Geysir	59
Gift	18, 28, 67, 71, 74
Gleichgewicht	75, 77
Gold	5, 7 ff., 26, 90 f., 106, 126 f.
Goldland	5
Gotland	6
Gottesanbeterin	71
Grand Canyon	50
Grizzly	66 f.
Grüne Männchen	79
GSG 9	118
Gutenbergbibel	40
Hahn, Otto	85
Halloween	143
Halsbandaffäre	19
Handgepäck	124
Handschriftenanalyse	104
Handy	96, 99, 105
Handyortung	105
Hannibal	16
Hauser, Kaspar	14
Heiliger Gral	130
Heiligsprechung	153
Heinrich VIII.	19 f.
Heiße Quellen	58 f.
Hexen	28, 136
Hieroglyphen	31
Höhlenzeichnungen	36
Holmes, Sherlock	116
Hologramm	125
Hood, Robin	144
Horoskop	146
Hünengrab	27
Hurrikan	61
Hypnose	104
Illuminaten	11
Inkas	9, 25
Internet	98
Interpol	116
Jack O´Latern	143
Jack the Ripper	110
Jakobsweg	152
Jesus	35, 150, 153
Johanna von Orléans	17
Kaiserin Sisi	20
Karbonari	11
Karma	151
Katakomben	27
Kernkraftwerk	98
Kernspaltung	85
Keying-Technik	46
KGB	108, 111
Kinegramm	125
King Kong	45
Klapperschlange	67
Kleopatra	18
Klonschaf	92
Knoten	55
Kobolde	134
Kobra	18, 67
Kokos-Insel	9
Kommissar	102 f., 117
Kompass	47, 55, 69, 97
Kopfloser Reiter	141
Kornkreise	62
Körpersprache	64, 100, 106
Krafttraining	113
Kriminalistik	105 ff.
Kuckuck	69
Kugelblitz	60
Ku-Klux-Klan	9
Kunstblut	41
Kunstfälschung	37
Kunstraub	37
Kyrillische Schrift	30
Lachkonserve	45
Lagerfeuer	54
Laser	94
Lawine	61, 65
Lawinenhund	65
Le Rond d'Alembert, Jean-Baptiste	14
Leibwächter	127
Leonardo da Vinci	35 f., 87, 89
Leonardo-Brücke	89
Loch Ness	140

REGISTER

Loreley	143
Ludwig XIV.	15, 17
Luftflimmern	53
Lügenbaron	18
Lügendetektor	100
Mafia	10
Magie	90, 137 ff.
Magma	58
Mammut	36, 65
Mammutbaum	74
Manitu	150
Mann mit der eisernen Maske	15
Marie Antoinette	19
Marienerscheinung	150
Mata Hari	110
Mayakalender	40
Merlin	130 f.
Metalldetektor	106, 124
Meteor	51, 65, 80 f.
Meteorit	51, 65, 80 f.
MI 6	114
Milbe	71
Milchstraße	80 f.
Mona Lisa	35
Mond	29, 51, 75, 78, 140
Mondauto	78
Mondlandung	29
Monster	140 f.
Morsealphabet	96
Mossad	115
Mumie	24
Münchhausen, Baron von	18
Narodnaja Wolja	11
Navi	97
Navigationssystem	43, 97
Neandertal	21
Neandertaler	21
Nessie	140
Netzhauterkennung	99
Newton, Isaac	52, 91
Nibelungen	5, 130
Nobel, Alfred	86
Nobelpreis	85 f.
Nostradamus	148
Ophir	5
Optische Täuschung	38 f., 52
Orakel	128
Orientierung	55, 68 f.
Osterinsel	31, 50
Ötzi	20, 23
Pandora	128
Panikraum	123
Panzerglas	123
Papagei	69
Päpstin	17
Personenschützer	117
Pest	27 f.
Phantombild	100
Pharao	8, 18, 21, 128
Phythagoras	87
PIN-Code	124
Piranhas	70
Play-back	41
Polarlicht	56
Polarnacht	56 f.
Polartag	56
Polizei	37, 100 f., 105 f., 115 ff., 122 f., 127
Pompeji	47
Potter, Harry	44, 46
Pyramide	8, 24, 26
Python	68
Raben	145
Radar	93
Rakete	83, 88
Rasputin	16
Rattenfänger	144
Rattenkönig	66
Raumschiff	80, 83 f.
Raumstation	78, 83 f.
Realfilm	43
Regenbogen	53
Retinal Scan	99
Rheingold	5
Ritual	24, 137, 140, 149
Römische Ziffern	30
Rongorongo	31
Röntgenstrahlen	93, 124
Rungholt	47
Safe	126
Sage	5, 48, 129 ff., 133 f., 136, 141, 144 ff.
Sagengestalten	131
Sahara	53
Salomo	5
Scanner	94, 99, 124
Schamane	151
Schatz	5 ff., 9, 16, 106
Schatzküste	7
Schauspieler	41 ff.
Schlafwandler	75
Schlange	18, 67 f.
Schlingpflanze	75
Schlucht	50
Schmuck	34, 90, 126, 149
Schulterklappen	118
Schusssicher	125
Schutzpolizei	117
Schutzweste	125
Schwarze Löcher	80
Schwarze Witwe	71
Schwarzpulver	91 f.
Schwerkraft	52, 84, 91
Scotland Yard	115
Sechster Sinn	75
Secret Intelligence Service	114
Seepferdchen	70
Sicherheitsschleuse	124
Siegfried	5, 130
Silber	5 ff., 23
Skytale	34
Sonnenfinsternis	51
Sonnenuhr	40
Souffleur	42
Sphinx	128
Spion	85, 108, 110 f., 114
Spukschlösser	135
Spürhund	122
Spy-Cam	105
Staatssicherheitsdienst	111, 114
Stasi	114
Stein der Weisen	91
Steinkreise	24 f.
Sternbilder	84, 146, 148
Sterne	51, 79 ff., 84, 118, 146
Sternschnuppe	51, 81
Stigmata	153
Stonehenge	25, 130
Strichcode	94, 125
Stunt	42
Stuntmen	42
Suchtrupp	122
Supernova	80
Tal der Könige	21
Telefon	88, 93, 96
Tempelritter	6
Templer	6
Teufel	143, 152 f.
Teufelsanbeter	153
Titanic	6 f.
Totenmaske des Agamemnon	26
Totes Meer	56
Tower	34, 145
Transsilvanien	49, 142
Träume	76
Trickfilm	43
Troja	23, 48, 129
Trojanisches Pferd	129
Trolle	134
Tropfsteine	59
Tsunami	57
Tutanchamun	21, 23
UFOs	62, 78 f., 81
Unglückszahl	145
Universum	80 f.
Urban Legend	146
Vampire	49, 142
Vampirfledermäuse	67
Vatikan	27
Verbotene Stadt	49
Verdeckte Ermittler	119
Vernehmung	106
Verschwörung	15, 29, 79
Vogelspinne	70
V-Personen	119
Vulkane	47, 57 f.
Wahrsager	137, 148
Wale	66
Walpurgisnacht	136
Wanderfalke	64
Wanze	99
Wärmebildkamera	105, 122
Wasseradern	57
Wasserzeichen	125 f.
Wechselbalg	140
Wegzeichen	55
Weiße Frau	136
Weltraumtourist	83
Weltuntergang	29, 40
Weltwunder	25 f.
Werwölfe	140
Würfelqualle	74
Wüstenstaub	53
Yeti	145
Zahlentricks	147
Zauberer	16, 130 f., 151
Zauberpflanzen	137
Zaubertrank	136 f.
Zaubertricks	138 f.
Zeugenschutzprogramm	127
Zeus	26, 128 f., 136
Zombies	141
Zugvögel	68

BILDNACHWEIS

dpa Picture-Alliance, Frankfurt: akg-images 86 u.; dpa 14 m., 37 o., 44, 86 o., 87 u., 142 o.; HB-Verlag 149 m.; KPA 43, 141 r.; picture-alliance 6, 11, 17 u., 20 o.; united archives 87 o.; ZB 40 r., 62 r., 109 o.

www.fotolia.de: 3drenderings 54 m.; Adams, Andre 108 m.; Africa Studio 146; Aleksander 141 l.; alfdaur 45 o.r.; Algol 131 u.; AlienCat 133 o.; Amorós, Pedro 21; AndreasJ 131 o.; Arman 71 m.; arnowssr 88 l.; Atkins, Peter 109 u.; bargis, éric 61 u.; Bellers, Lance 73; Belyaev, Andrey 4 o.r.; Berg, Martina 144 m.; bilderbox 148 o.; Bogdanski, Yvonne 33 u.; bogo-service 126 o.; boulevard 26; Brown, Michael 100 m., 121 u.; Brugger, Thomas 118 u.; Caprdja, Kristijan 24 o.; caraman 91 u.; Celeste-RF 102; Claireliot 117; contrastwerkstatt 100 u.; Cool Graphics 58; Corneanu, Sebastian 23; Cosburn, Jason 152 r.; crimson 155 l.; Danti, Andrea 9 o.; debert 55 u.; deepspacedave 65 u.; Delbert, Christian 123 m.; Deppisch, Christian 5 l.; DeVIce 92 o.; Digipic 55 o., 55 m.; dotweb.dk 124 o.; Dron 76 u.; DX 81 u.; Eaton, Michael 28 o.; Eckgold, Frank 84 o.; Edelmann, Andreas 59 r.; Egger, Gerhard 63 l.; Eichinger, Hannes 94 o.; endrille 4 o.l., 126 u.; farbkombinat 130; fefufoto 82 o.; felixbruno 140 o.; Föger, Reinhold 89 l., 143 r.; fojulia 38 o.; fothoss 138 l.; fotomann 47 m.; FotoWorx 9 u.; Frei, Rosa 53 u.; Gary 49 o.; Gelpi, Jose Manuel 3; Gelpi, Jose Manuel 99 o.; Georghiou, Christos 144 o.; Gnuskin, Petr 139 l.; Greiner Adam, Anja 95 o.; Grigat, Willi 139 r.; hali 112 r.; Hansen, Carina 97 u.; Harri 152 l.; Hazmath, Ismail 48; Hermans, Patrick 120 o.; Hoffmann, Sven 10 l.; hugy 29 u.; Increa 27 o.; Indigo Fish 103 u.; Janousek, Vaclav 80 u.; javarman 67; jhogan 12; jokatoons 107; Juampi39 63 r.; Jung, Christian 8 o.; Kaarsten 94 u.; kaipity 38 u.l., 39 r.; Kaiya_Rose 138 r.; Kalmbach, Alex 147; Kaputtknie 49 m.; kk-artworks 127; Klaue, Marco 10 r.; kmit, ivan 149 o.; Kolodziej, Kalle 106 o.; Kraft, Ralf 79 o.; Kröger, Bernd 143 l.; Landgraf, Uwe 123 u.; Loke, Yekmang 145; Lom 101 m.; Lozano-Nieto, Albert 124 u.; Lüdemann, Ingrid 132 o.r.; Luger, Walter 42 l.; m.arc 99 u.; Machacek, Jaroslav 57; Mack, Roslen 32 u.r.; Malchev 129 o.; Mandl, Alexander 18, 31 o.; manley, travis 82 u.r.; mates 34 l.; mattasbestos 96 u.l.; Medina, Lorelyn 155 r.; michanolimit 134 u.; mikess 105 u.; Minear, Cindy 33 o.; MIR 52 o.; MOSCA, Fabrice 103 o.; Mucibabic, Vladimir 104 u.; OSCAR 116 u.; Ottoson, Jens 133 u.; Papadimitriou, Y. 128; PATIL, MAHESH 112 l.; Pavlova, Natalia 4 u.; Peragine, James 41 o.; Perkins, Thomas 105 o.; Pfluegl, Franz 45 o.r.; Pidjass, Andrejs 121 o.; Pinosub 47 o.; Piroschka 50 o.; Pitkänen, Mikko 132 o.l.; piumadaquila.com 150 o.; Pixel 60; 96 u.r.; Podlesnova, Yulia 28 u.; porth, monika 74 o.; Potapova, Valery 51; prescott, paul 148 u.; ProfphotoXL 68 m.; Pseudonym 52 m.; Pung, Airi 50 u.; quadricromia 140 m.; rachell 113 o.; raoulgalop 116 o.; raven 34 r.; Richter, Stefan 70; robodread 150 u.; ROCHE, Samantha 53 o.; Rodriguez, Andres 72; Ronen 41 m.; roxxOr 142 u.; Sababa 66 13 r.; Santa Maria, Gino 46; Schnepf, Siegfried 62 l.; Sen, Israfil 80 o.; Shapiro, Sam 22 r.; Simiridium 90 r.; SOLOMON, JENNY 122; Splat-Photo 32 o.r.; Stamoglou, Odysseas 114 o.; StanOd 65 m.; steffi78 136 l.; Steinbach, Manfred 119; Steiner, Carmen 134 m.; Steps, Carsten 125; st-fotograf 93 u.; studiogriffon.com 106 u.; Sveta 5 r.; Syncerz, Marzanna 64; tafata 91 o.; Thoman, Cory 13 l.; Thompson, Leah-Anna 113 u.; Tihelka, Marek 97 o.; Tjefferson 81 o.; tom 84 u.; tommyS 88 r.; trester 37 u.; twvogel 92 u.; Ullrich, Rudolf 42 r.; volff 32 l.; wantontraveler 115; Warden, Kim 83 o.; West, Pippa 7 m.; WOGI 101 u.; Wumba 129 u.l.; XtravaganT 25; YEDLAPATI, SREEDHAR 54 o.; Yu, Feng 82 u.l.; zavgsg 120 u.

www.pixelio.de: Adler, Jürg 45 l.; Anac, Hasan 135; Arnold, Albrecht E. 77; Bachert, Arno 118 o.; Becker, Johannes 22 l.; Belau, Eckhard 74 m.; Bredehorn, Jens 66 r.; Carthäuser, Uli 30 o.; Cornerstone 20 u.; creature 75; Gemen64 98 u.; Güllmeister, Frank 61 m.; Günther, Oskar 59 l.; Hautumm, Claudia 93 o., 104 o.; Hofschaeger, S. 98 o.; Hüsmert, Jürgen 68 o.; joakant 151; kladu 40 l.; knipseline 137; Lanznaster, Maria 154 r.; Merz, Andreas 71 u.; Müller, Thomas Max 24 u., 90 l.; Pfeffer, Jim 69 l.; Pfensig, Wolfgang 78 u.; Rike 153; Schelpe, Dirk 136 r.; Schmitt, Pascal 69 r.; Schütz, Dieter 76 o.; Schütz, Dieter 8 u., 16; Trampert, Joerg 78 o.; wrw 19 o.